【新装改訂版】

般若心経ものがたり

青山俊董
Aoyama Shundo

大法輪閣

摩訶般若波羅蜜多心経

摩《ま》訶《か》般《はん》若《にゃ》波《は》羅《ら》蜜《みっ》多《た》心《しん》経《ぎょう》

観《かん》自《じ》在《ざい》菩《ぼ》薩《さつ》。行《ぎょう》深《じん》般《はん》若《にゃ》波《は》羅《ら》蜜《み》多《た》時《じ》。照《しょう》見《けん》五《ご》蘊《おん》皆《かい》空《くう》。度《ど》一《いっ》切《さい》苦《く》厄《やく》。舎《しゃ》利《り》子《し》。色《しき》不《ふ》異《い》空《くう》。空《くう》不《ふ》異《い》色《しき》。色《しき》即《そく》是《ぜ》空《くう》。空《くう》即《そく》是《ぜ》色《しき》。受《じゅ》想《そう》行《ぎょう》識《しき》。亦《やく》復《ぶ》如《にょ》是《ぜ》。舎《しゃ》利《り》子《し》。是《ぜ》諸《しょ》法《ほう》空《くう》相《そう》。不《ふ》生《しょう》不《ふ》滅《めつ》。不《ふ》垢《く》不《ふ》浄《じょう》。不《ふ》増《ぞう》不《ふ》減《げん》。是《ぜ》故《こ》空《くう》中《ちゅう》無《む》色《しき》。無《む》受《じゅ》想《そう》行《ぎょう》識《しき》。無《む》眼《げん》耳《に》鼻《び》舌《ぜっ》身《しん》意《に》。無《む》色《しき》声《しょう》香《こう》味《み》触《そく》法《ほう》。無《む》眼《げん》界《かい》。乃《ない》至《し》無《む》意《い》識《しき》界《かい》。無《む》無《む》明《みょう》。亦《やく》無《む》無《む》明《みょう》尽《じん》。乃《ない》至《し》無《む》老《ろう》死《し》。亦《やく》無《む》老《ろう》死《し》尽《じん》。無《む》苦《く》集《しゅう》滅《めつ》道《どう》。無《む》智《ち》亦《やく》無《む》得《とく》。以《い》無《む》所《しょ》得《とく》故《こ》。菩《ぼ》提《だい》薩《さっ》埵《た》。依《え》般《はん》若《にゃ》波《は》羅《ら》

蜜《み》多《た》故《こ》。心《しん》無《む》罣《けい》礙《げ》。無《む》罣《けい》礙《げ》故《こ》。無《む》有《う》恐《く》怖《ふ》。遠《おん》離《り》一《いっ》
切《さい》顚《てん》倒《どう》夢《む》想《そう》。究《く》竟《ぎょう》涅《ね》槃《はん》。三《さん》世《ぜ》諸《しょ》仏《ぶつ》。依《え》般《はん》若《にゃ》波《は》羅《ら》蜜《み》
多《た》故《こ》。得《とく》阿《あ》耨《のく》多《た》羅《ら》三《さん》藐《みゃく》三《さん》菩《ぼ》提《だい》。故《こ》知《ち》般《はん》若《にゃ》波《は》羅《ら》蜜《み》多《た》。
是《ぜ》大《だい》神《じん》呪《しゅ》。是《ぜ》大《だい》明《みょう》呪《しゅ》。是《ぜ》無《む》上《じょう》呪《しゅ》。是《ぜ》無《む》等《とう》等《どう》呪《しゅ》。能《のう》
除《じょ》一《いっ》切《さい》苦《く》。真《しん》実《じつ》不《ふ》虚《こ》。故《こ》説《せつ》般《はん》若《にゃ》波《は》羅《ら》蜜《み》多《た》呪《しゅ》。即《そく》説《せつ》
呪《しゅ》曰《わっ》。
羯《ぎゃ》諦《てい》羯《ぎゃ》諦《てい》　波《は》羅《ら》羯《ぎゃ》諦《てい》　波《は》羅《ら》僧《そう》羯《ぎゃ》諦《てい》　菩《ぼう》提《じ》薩《そ》
婆《わ》訶《か》。
般《はん》若《にゃ》心《しん》経《ぎょう》

目次

装丁・山本太郎

序章　最後の落ちつき場所とは

五歳のとき母へ送ったカタカナの般若心経

数え年五歳の春、それもお釈迦さまの御誕生の四月八日、桜の花吹雪に送られて、私は母の家を去った。

私の実家は浄土宗であったが、御嶽山《おんたけさん》がその美しい姿を見せてくれる濃尾《のうび》平野には御嶽信仰が盛んで、私の祖父は大変力のある先達《せんだつ》であったようである。講中の方々を率《ひき》いては夏山、冬山と百回以上も登り、自分の家の裏には御嶽山を形どった大きな築山をつくり、神々を祠《まつ》り、巡礼できるようになっていた。講中の方々が毎朝お詣《まい》りに来られ、また毎月一度のお講も修行されていた。父は三十代なかばで病気に倒れたこともあり、祖父の道は継がなかったが、祖父亡きあとも、講中の方々が毎朝お詣りに来られることや、毎月わが家の奥座敷でお講が勤まるということは、変わりなく続けられていた。おそらく祖父の育てた先達たちが活躍しておられるうちは続けられたのであろう。

父の病が少し快復にむかった四十五歳のとき、十一年ぶりに母は身ごもった。晩年ながら久々に授かった子宝へ熱い思いをよせている両親や家族の上へ、思いもよらぬ神託が降りた。

すでに十五年前に世を去り、御嶽山の霊神として祠られている祖父が、お講のおりお座に出られ、「このたび受胎した子供は出家するであろう」と予言し、月満ちて出産するや再び祖父がお座に出られ「信州で出家するであろう」と、詳しい生涯の予言まであったという。

母はわが思いをさしはさむ余地もなく、出家をする子を産み、育てるのだと覚悟をさせられた。信州・塩尻の無量寺に住職していた叔母の周山尼は、このことを伝え聞き、おどりあがって喜び、数え年の五歳になるのを待って迎えに来たというのが事の次第である。

受胎したその日から覚悟をさせられ、産み育てはしたものの、いよいよ別れねばならなくなったその日、母は家にいることができず一日遠い畑で一人泣きくれていたという。家をあとにする日、私は家の中に母の姿を見ることはできなかった。しかし「母の心、子知らず」で、私は、姉がせめてもの思いをこめて手縫いしてくれた新しい洋服を着たことがうれしくて、叔母に代わって迎えに来た弟子の仙宗尼に手をひかれ、実家をあとにした。甘えん坊の私はそれまで母のオッパイを飲んでいたらしい。そのオッパイを自分から裏のお地蔵さんにあずけにいって。

無量寺に入門したその日からお経の勉強が始まった。幼いからすべて口うつしで習うのであるが、幼いがゆえに歌のようにすぐそらんじた。一つ覚えるたびに母へ報告の手紙を出した。初めが『舎利礼文《しゃりらいもん》』、二つめが『般若心経』。

「『ハンニャシンギョウ』ヲオボエマシタ」と母に手紙を出したとき、母から返事が来た。「お前は幼いのに、よく早くおぼえましたネ。母はおぼえが悪くて、いつまで誦《よ》んでも終わらないんだよ。母のためにカタカナでよいから『般若心経』を書いて送っておくれ」と書かれてあった。『般若心経』には「コーシン」と「コートク」と似たところが二カ所あり、そこをまちがうとすぐ終わってしまうか、いつまでたってもゆきつもどりつして終わらないかという場所がある。母は終わらないのだという。私は母より先に覚えたとばかりにとくとくとして、母へカタカナの『般若心経』を書き送った。

母が身罷《みまか》って後、兄が語ってくれた。「あなたが五歳のとき書き送ってくれたカタカナの『般若心経』を、母は生涯肌身はなさず持ち歩き、ときどきそっと出して誦み、涙を拭いていたよ」と。兄の言葉を聞いて初めて私は、母の老婆心に気づいた。修験道《しゅげんどう》（山嶽信仰）は『般若心経』を誦む。修験道の先達の家へ嫁に来た母の日課は、毎朝暗いうちに起き出し、まず新しい水を奥座敷の神棚（御嶽霊神が祠ってある）と仏壇に供え、『般若心経』を唱え、それから台所におりるというところから始まった。私は母の胎内にあるときから『般若心経』を聞いていたはずであった。母が『般若心経』を誦めないはずはない。ひとたび坊さんにするために覚悟をして送り出したわが子、どうぞして一人前の坊さんになってほしいという祈りが、そんな形で、「よく早くおぼえたネ」と褒《ほ》めながら、まちがえやすい一カ所のあることをそれとなく教えてくれたのだと。

子は親を忘れても、親は片時も忘れず子を思いつづけ、祈りつづけていてくれたのだということに、気づくことの何と遅いことかと思うことである。

心に、口に、仏を念ずることによって湧く力

十五年余り病気がちの父の看病と、老衰の姑《しゅうとめ》の世話をしながら、田畑の管理から子育てに至るまで一人で背負って立ち、文字通り体当たりでそのすべてをやりとげたのが母の生涯であった。母を見ていると〝女は強い〟という言葉が頭をよぎる。その母が昭和四十九年十二月二十日、八十歳を一期として世を去った。

「母危篤」の連絡を受けて枕元へ駆けつけた私に、やはり駆けつけて母を見守っていた親戚や近所の方々が口々に語ってくれた。

「よう来てちょうだえしたなも。あなたのお母さんは、どんなにあなたが大事だったかしれん。何を話していても最後はあなたの上に話が落ちていってしまうんだよ。さあ早うそばへよってやってちょう」と。共に過ごす月日が少なかっただけに、母は一層私のことが忘れられなかったのであろう。その私のために、母は「お前の着るものは織り残したい」といって、自分で飼った蚕《かいこ》で糸をつむぎ、「お前の好きな色は何か、似合う色は何か」と織りつづけ、法衣《ころも》、お袈裟《けさ》、着物、コート等、一生着きれないほどのものを織り届けてくれた。母逝って四十七年を経た今日も、母の手織りに包まれて生きる私。生死の境を越え、年月を越えて、母の見守り母の祈りの中に生きるしあわせを思う。

柳宗悦さんの言葉に「追ウヤ仏ヲ、追ワレツルニ」というのがある。仏心を母心、親心にたとえてみるのが、もっとも身近に理解できる仏の姿ではなかろうか。三好達治に「わが名を呼びて」と題する詩がある。

わが名をよびてたまはれ
いとけなき日のよび名もてわが名をよびてたまはれ
あはれいまひとたびわがいとけなき日の名をよびてたまはれ

風のふく日のとほくよりわが名をよびてたまはれ
庭のかたへに茶の花のさきのこる日の
ちらちらと雪のふる日のとほくよりわが名をよびてたまはれ
よびてたまはれ
わが名をよびてたまはれ

心の深みからほとばしり出るこの切なる呼び声は、そして呼ばれている遙か彼方のお方は誰なのであろうか。

未だ世の汚れを知らない遠く幼い日の私であり、その私を呼んでくれた母への呼び声であり、また母からの呼び声でもある。世の荒波にもまれての長い年月の間、忘れていた大切な私の中のもう一人の私の叫びでもあり、私から私への呼び声でもある。その呼び声のひびきの遠くゆきつくところ、仏への呼び声となり、仏よりの呼び声となるような気がしてならない。

今年私は米寿を迎えた。いつの間にか母の歳をはるかに越えてしまった。母の手織りの着物や法衣をまとい、『般若心経』を誦むたびに母を憶い、母に、更には出家の予言をしてくれた祖父や、その背景となっている限りない仏縁に掌をあわせ、報恩行にはるかに遠い自分を恥じ入るばかりである。

小出しにたのまず全部たのめ

ドンドコドンドコ
「松本太郎殿、商売繁盛、家内安全……」
ドンドコドンドコ
「塩尻花子殿、病魔退散、交通無難……」
ドンドコドンドコ
「安曇次郎殿、入試合格、身体健康……」

春によく行われる法要《ほうよう》の一つに大般若《だいはんにゃ》の祈禱《きとう》というのがあり、そのあとの法話をたのまれて某寺へ伺った。本堂の隣りの部屋に通され、法要の終わるのを待っている私の耳に、本堂での法要の模様が手にとるように聞こえてくる。

威勢のよい祈禱太鼓の音と、願主《がんしゅ》の願いを読みあげる導師《どうし》の声とが、限りなく交互に続く。商売繁盛、交通無難、病魔退散、身体健康、良縁満足、入試合格、工事安穏……。

足《た》ることを知らない人間の、限りない欲望の一覧表を見る思いで興味深く聞き入りながら思った。人間の欲望を満足させるためのお手伝いをするのが仏教の本命ではない、どこまでも方便の世界であることを忘れてはならない、と。

「しあわせ」という言葉の何と魅惑的なことか。チルチル・ミチルの「青い鳥」から、「山のあなたのなお遠く、さいわい住むと人のいう」のカール・ブッセのため息、そしてキリスト教の説く天国、仏教の説く彼岸や極楽に至るまで、その中身や段階や浅深の違いこそあれ、「しあわせ」を求めての人々の願望の生み出したものであることに変わりはない。その意味においては、宗教の違いを超え、洋の東西を超えて同じといえよう。

御祈禱の寺として有名な箱根の大雄山最乗寺《だいゆうざんさいじょうじ》の御住職であられた余語翠巌《よごすいがん》老師（故人）が、ある日、こんなことをおっしゃった。

「御祈禱をたのんでくる方々に、私はいいますのじゃ。商売繁盛とか病魔退散とか、一つずつ小出しにたのまず、全部たのみなされ。全部たのむということは、全部おまかせということじゃ。全部おまかせできたら楽になりますぞ」と。

沢木興道《さわきこうどう》老師は「全部いただく、えり食いはせぬ」とおっしゃり、更に「〝全部いただく〟とは、全部おまかせ〟ということじゃ」とおっしゃった。〝全部おまかせ〟するということは、もう一つ言葉をかえると、〝全部捨てる〟ということになる。私の思いのすべてを捨てなければ、〝すべておまかせ、何でもちょうだい致します〟ということにはならない。

私の弟子の一人が晋山式（寺の住職になる式）を予定した半年余り前の七月に癌が発見され、医者は私に「来年の三月が節目です」といわれた。つまり三月までの命ということである。晋山の記念として授戒会や稚児行列などの準備も、すでに進められていた。「元気になったらやることにして」となだめ、一つずつあきらめさせ、「せめて晋山式だけやらせてやって下さい」と総代にたのみ、その日を迎えた。

医者の告知通り、三月にはもう歩くこともできなくなり、当日は医者がつきそい、車椅子での晋山式となった。二時間にわたる晋山式を何とか終え、最後に問答がある。法友が「病気をどう受けとめるか」と質問していった。弟子は声をふりしぼるようにして、「全部いただく、択《え》り食いはせぬ」と答えた。十日後に弟子は世を去った……。死の宣告の癌も「全部いただく」といえるか。

〝自分の気に入ったものも気に入らないものも、都合のよいことも悪いことも、すべて無条件でちょうだいしてゆきましょう〟という姿勢は、私の思い、エゴの思いを捨てきらねばできることではない。

ほんとうの祈禱のゆきつくところは此処《ここ》であろうし、そうなり得て初めて真の宗教ともいえよう。そこまで到らず、入り口の商売繁盛、病魔退散だけで目がくらみ、そこにとどまり、またお手伝いをしている坊さんの側もそこにとどまっていたのでは御利益信仰を表に出したり、除霊や縁切りを看板に金を集めている一部の新宗教と、五十歩百歩ということになろう。

飢えている人にはまずパンを、病苦で七顚八倒《しちてんばっとう》している人にはとりあえず鎮痛剤を、というように、相手の求めに応じてまず慈悲のプレゼントをするのはよい。しかし、「人はパンのみにて生くるにあらず」といったキリストのように、〝それだけではないよ〟〝そんなところにとどまっていてはいけないよ〟と更に一歩進んだ世界への誘引をこそ、忘れてはならないと思う。

愛妻を恋う難陀を出家へと誘引

飢えている人にはとりあえずパンを、美人の妻を求めている人には美人を、というように、その人が今切《せつ》に求めているものをまず与えた上で、〝それだけではないよ、もっとすばらしいしあわせがあるんだよ〟〝もっと深く広い世界があるんだよ〟〝どんなに条件が変わっても失うことのない、色あせることのないしあわせがあるんだよ〟〝本気でしあわせになりたかったら、そこまでゆこうじゃないか〟――他ならないこれが般若心経の心でもあるのだが――と、次第に真実の世界へ誘引してゆく。これを応病《おうびょう》与薬《よやく》という。相手の病に応じて薬を処方して与えるのにたとえたわけである。この応病与薬において、お釈迦さまはまことに妙を得ておられた。こんなお話が伝えられている。

お釈迦さまは釈迦族の王子として生まれ、やがて王位を継承すべきお方であったけれど、すべてを捨てて二十九歳のとき出家された。うたかたのようなしあわせを捨て、ほんとうのしあわせを求めて。

お釈迦さまを生んでわずか一週間で世を去られた母君のマヤ夫人に代わって、マヤ夫人の妹であるマハーパジャパティがただちに輿入《こしい》れされ、お釈迦さまはこの叔母《おば》さまに育てられたのである。このマハーパジャパティと父王であるところの浄飯王《じょうぼんのう》との間に一人の王子が誕生した。お釈迦さまにとっては異母弟ということになり、名を難陀《なんだ》と呼んだ。王位継承者であるべきお釈迦さまが出家してしまわれたので、自然にこの難陀が王位継承者となったわけである。

美人の孫陀利《そんだり》と新婚生活に酔いしれている時も時、お釈迦さまは「そろそろ難陀も出家して仏弟子となる気運が熟した」と思われ、難陀の御殿の門に立ち、光を放ってずっとお屋敷の奥のほうまで照らされた。

難陀はただならぬ光明に「これはまちがいなくお釈迦さまが托鉢《たくはつ》においでになったのであろう」と、召し使いをして見にゆかせたところ、はたしてお釈迦さまであった。「お兄さんが来られたのだから、自分が行って御供養申し上げなければ」といって出てゆこうとすると、孫陀利があわてて難陀の袖をひっぱり、「行っちゃいや。出ていったら坊さんにさせられちゃうかもしれないから」という。「そんなことはない。すぐ帰ってくるよ」「私の顔のお化粧がかわかないうちに帰ってよ」「よし、わかったよ」。そんな会話をして門頭に出た難陀に、お釈迦さまはだまって鉄鉢《てっぱつ》を渡された。

日本の托鉢はお金かお米をいただくのが普通であるが、インドやビルマなどではお釈迦さまの頃から今日に至るまで、その家々でその日用意された食事の一分をわけていただき、一食分になったら托鉢は止めて、昼までにそれをいただく、というあり方を伝えている。

難陀はお釈迦さまより鉄鉢を受けとり、台所へいってご飯を盛り、門のところへとって返したら、もうお釈迦さまはそこにおられず、ずっと先の方へ行ってしまっておられる。そこへ侍者《じしゃ》の阿難《あなん》が通りすぎようとしたので、お釈迦さまの鉄鉢を阿難にことづけようとすると、〝自分で持っていって、直接お渡しせよ〟という。仕方なしにお釈迦さまのあとを追っかけ追っかけ、とうとう祇園精舎《ぎおんしょうじゃ》の中まで入ってきてしまった。

お釈迦さまはかたわらのお弟子さんに、

「難陀が出家したくてここまでついてきたようだから、頭を剃ってやりなさい」

と命ぜられた。たとえ弟であろうとお釈迦さまの威力の前には「坊さんなんかになりたくない。家には愛《いと》しい孫陀利が待っている」とはいえず、とうとう剃られてしまった。「まあしょうがない。今はお釈迦さまのいうことを聞くけれど、そのうちに逃げ出そう」とひそかに思いつつ。

お釈迦さまは難陀に「皆が托鉢に出かけたあと、内外をよく掃除し、門を閉じて留守番をせよ」と命ぜられて御自身も托鉢に出られた。難陀はチャンスとばかりにいそいで門を閉じ、逃げ出そうとした。表から逃げ出してお釈迦さまに出会うといけないからと、裏の小道から逃げ出したところ、あいにくお釈迦さまが裏から帰って来られた。あわてて木陰に隠れたけれど風で法衣《ころも》の袖がなびき、とうとうお釈迦さまに見つかってしまった。お釈迦さまはしずかに質《たず》ねられた。

「どうしてこんなところにいるのか?」

「はい、孫陀利が恋しくて恋しくて……」

まずはパンを、次にパンではない世界へ

愛妻の孫陀利を想うあまり祇園精舎を逃げ出した難陀を連れて、お釈迦さまは近くの鹿子《ろくし》母園《もえん》へゆかれた。そこでお釈迦さまは、「お前、香酔山《こうずいせん》という山を見たことがあるか?」と難陀に質ねられた。「いや、見たことありません」「では見せてあげよう」というのでお釈迦さまは、御自分のお召しになっておられるお袈裟《けさ》の角を、フワッと難陀の頭にかけられた。

すると不思議議不思議議たちまち難陀の目の前に香酔山が現れた。山上に果物の樹があり、その下に目までも焼けただれて、ふた目と見られないメス猿がいる。「天女と比べるとどうだ?」とお釈迦さまがお質ねになる。「天女となぞ比較になりませんよ」と難陀。「お前、天女を見たことがあるのか?」「いや、ありません」「じゃあ見せてあげよう」と、またお釈迦さまはフワッとお袈裟の角を難陀の頭にかけられた。するとアッという間に三十三天に至ることができ歓喜園《かんぎえん》というところに着いた。美しい天女がいっぱいいて、それぞれの夫と共にたのしんでいる。ところが一人だけ相手がなくて淋しそうに立っている天女がいる。難陀が気になってお釈迦さまにお質ねした。「一人だけ相手がなくて人待ち顔にしている天女がいますけど、どうしたんでしょう?」と。「直接行ってきいてみろ」とお釈迦さま。そこで難陀が質ねた。「あなたは誰を待っているのですか?」すると天女が「お釈迦さまの弟子に難陀という方がおられて、その方が立派に修行されたらその功徳によってここに生まれ、私の夫となることになっております。それを今からお待ちしているのです」という。

腰を抜かさんばかりにおどろいた難陀に、お釈迦さまは質ねられた。「お前の妻の孫陀利と比べたらどうか?」と。「とても比べものになりませんよ。孫陀利と焼けただれたメス猿との違いほどに、孫陀利と天女の間にも違いがあります」「持戒して修行に励めばこの天女と一緒になれて、夢のような快楽の未来が約束されるよ」「やります、やります」というわけで、難陀は孫陀利のことなどすっかり忘れて修行に励むようになった。

一方、お釈迦さまは他の弟子たちに「いかなる修行も難陀と共にしてはならない」と申し渡された。そこで難陀がそばへ来ると皆サアッと立って行ってしまう。誰も一緒に修行してくれない。「阿難は私の従弟《いとこ》だから、まさか阿難まで私を嫌わないであろう」と思って阿難のそばへ行くと、阿難まで席をはずそうとする。たまりかねて「あなたは私と従弟、どうしてあなたまで私を棄《す》てるのか」と質ねる。「あなたは天上界へ生まれ天女と一緒になりたいために修行している。つまり人間の欲望の満足を追っての、有所得《うしょとく》の修行だから。私たちの修行はそういうものを捨てる修行で、初めから修行の方向が違うから、共に修行をするわけにはいかないのだ」と答える。

悩む難陀にお釈迦さまがお質ねになった。「お前、地獄を見たことがあるか?」「ありません」「じゃあ見せてあげよう」といって、またフワッとお袈裟の角を難陀の頭にかけられた。するとたちまち地獄が現れてきた。いるいる、罪人がいっぱい。針の山に追いあげられている人、棒でなぐられている人、釜茹《かまゆ》でにあっている人……。一つだけ誰も入っていない釜がある。難陀がおそるおそる「この釜には誰も入っていませんがどうしたんでしょう?」と質ねると、獄卒が「この釜はな、娑婆《しゃば》世界に仏の弟で難陀というのがいて、今、天に生まれるために修行している。一応は修行した功徳で天に生まれ、天女と一緒になってしばらくは夢のようなしあわせな生活を送ることができるが、その縁が尽きるとここへまっさかさまに落ちてくることになっている。それをオレは今から用意して待っているのだ」という答えが返ってきた。難陀はおそろしさに身をふるわせ、涙ながらにこのことをお釈迦さまに告げると、お釈迦さまは、

「天の楽を得んがために、というような、むさぼりの心、有所得の心で修行すると、こういう過《とが》があるよ」

とさとされた。

欲は命のエネルギー——誓願へと方向づけを

パンを求めている者にはまずパンを、美人を求めている者には美人を与えておいて、足ることを知らない欲の満足を追うという方向をひた走りに走る限り、真のしあわせはないのだ

よ、有所得の、条件づきのしあわせなどは、条件がくずれたときたちまち不幸に転落するものであり、真のしあわせとは方向が全く違うよ、ということを、お釈迦さまは老婆心をもって立体的に演出して見せ、愛妻孫陀利への想いが断ち切れずにいる難陀をして発心《ほっしん》をさせ、真の修行のあり方へとみごとに軌道修正をさせられた。

沢木興道老師は生涯「何にもならん坐禅」つまり無所得の坐禅を語りぬかれたお方であるけれど、晩年になられて、「煩悩を満足させなければ、仏法も栄えない」と、しみじみと語られたということを側近の方からお聞きし、心に深くうなずかさせていただいた。

食欲のない者に強《し》いて食べさせようとしても、拒否反応をおこすか消化不良をおこすだけであろう。まずは欲しくて欲しくてしょうがないものを与える。次第に、もっとすばらしいものに気づかせながら、より高きに、より深きに、より真実なる世界へと誘引してゆく。それが老婆心というものであろう。

ここでしっかりおさえておかねばならないことは、欲の方向転換、欲の方向づけということである。欲がそのまま煩悩なのではない。欲は大切な生命《いのち》のエネルギーであって、欲そのものが善でも悪でもない。昔から「悪に強い者は善にも強い」といわれるように。問題は、それをどう使うかである。

ある日、お釈迦さまは弟子たちと共にガンジス河を渡っておられた。舟が朽損していたのであろう。浸水してきた。弟子たちと共に水を船の外へかき出しかき出し、向うの岸に着かれたお釈迦さまは、弟子たちに説かれた。

比丘たちよ
この船より　水を汲みだせ
汲みださば　汝の船は軽く走らん
貪《むさぼ》りと瞋《いか》りを断たば
汝は早く涅槃にいたらん

貪りと瞋りと愚痴《ぐち》を三毒といい、限りない煩悩の代表とされる。これを「断ち切れば」早く最高のしあわせ（涅槃）な境地に至るであろう、とのお示しである。
ある日の講演会でこの偈をとりあげられた江原通子《ゆきこ》先生は、「浮かべる水も沈める水も一つ」とおっしゃり、私は思わず膝をたたいた。一つの水を船の中へ限りなく取りこめば船を沈める水になる。同じ水を外へかき出せば、船を浮かべ、押し進める水に変わる。

人間の欲もイコール悪ではない。天地いっぱいから授かった大切な生命のエネルギーである。それに気づかず、小さなエゴの、自我の欲望の満足の方向にのみ暴走させると、ついには自己破滅におちいるであろう。これに対してお釈迦さまは「少欲。知足」又は「断て」ときびしくいましめられた。

同じ欲から自我を抜いたあと、つまり利他行（少しでも世の為、人の為）と、限りない向上の方向へと、欲を誓願《せいがん》行の方へ方向転換できた人を菩薩《ぼさつ》と呼ぶ。そしてこの方向へは大欲張りになれ、とさとされる。

禅の言葉に、「火について焼けず、火に背いてこごえず、よく火を利用する如く、人、欲を修道の方に向けよ」というのがある。火はいいものだといって火にしがみつけば火傷《やけど》をする。火はおそろしいものだといって火を退けたらこごえてしまう。そうではなく上手に火を活用してゆくように、人間の欲を、道を求め道を行ずる方向に方向転換せよ、と教えられる。

つまり自我への欲望から誓願への方向転換である。欲が煩悩になるか誓願になるかの分かれ目は、その中に「私だけよければよい」というエゴの私への思い、私を中心とした思い、盤珪禅師《ばんけいぜんじ》（江戸初期・臨済宗）の言葉を借りれば「身びいき」の思いがあるかないかが、その分かれ目といってよいであろう。

この姿勢が具体的には、たとえば政治なら政治を私の食いものにして生きるか、政治に生命を投げ出すか、教育に従事する者ならば教育を私の渡世の業《ごう》と利用するか、教育にわが生命をかけるか、僧侶ならば、仏さまや仏さまの教えを切り売りして私のフトコロをこやそうとしているか、私のすべてを投げ出して仏法に生きようとしているか、という違いとなって表れる。前者が凡夫の煩悩を先とし、煩悩にひきずりまわされて生きる生き方であり、後者が菩薩の誓願に生きる姿といえよう。

この最後の落ちつき場所のしあわせを説く『般若心経』が、入り口の凡夫の煩悩の満足のための御祈禱にもっとも多く使われているというのも興味深いことである。

日本人に親しまれてきたお心経の成立背景

新幹線の中で一人の青年が声をかけてきた。「仏教はしゃれたことをいいますね。《色即是《しきそくぜ》空《くう》》っていうんじゃないですか」。〝ハハァこれは色の文字をまちがえて受けとっているな〟と思い、「仏教で《色《しき》》といった場合はね、世間でいう色恋《いろこい》の意味の色ではなく、〝姿・形を持ったもの〟という意味なんですよ」と説明したが、〝おもしろくない〟というような顔をしたことを今もおぼえている。ことそれほどに、『般若心経』とか、その中の「色即是空」の言葉は、仏教伝来の当初から今日に到るまで、日本人に親しまれてきた。

お遍路さんが読むのも『般若心経』、御嶽《おんたけ》山や立山や出羽三山など、修験道《しゅげんどう》の方々も『般若心経』を読み、写経のベストセラーも『般若心経』というように、仏教が宗派を問わず（浄土真宗と日蓮宗は読まない）読誦《どくじゅ》するばかりではなく、広くいろいろな所で、さまざまな形を通して親しまれてきた。

仏教の経典は「八万四千《はちまんしせん》の法門《ほうもん》」とか「一切経《いっさいきょう》」などと呼ばれて膨大なものが伝えられている。その中でも特に長篇なのは大般若六百巻。一朝一夕ではとても読めないというので、アコーディオンを開いたり閉じたりするような形で、折り本を右へ左へと勢いよくパラパラするのを転読《てんどく》といい、大般若祈禱のときの読み方がそれである。直接にはこの大般若部門の、広くは大乗仏教の精髄を、わずか二六二文字に凝縮したお経が『般若心経』だといえよう。

西暦もすでに二〇二〇年を越えた。あらためていうまでもないが、西暦というのはイエス・キリスト生誕の年を元年としての数え方である。お釈迦さまはキリストより約五百年前に生誕された。われわれ仏教徒はこれを仏紀二五八六年と呼んでいる。そのお釈迦さま滅後六百年頃、紀元二、三世紀、インドで活躍した方に龍樹《りゅうじゅ》菩薩とお呼びする高僧がおられた。八宗の祖とあおがれ、般若の空《くう》の思想を確立したといわれるお方で、代表的な研究書に『大《だい》智度論《ちどろん》』がある。

「塵《ちり》も積もれば山となる」という「いろは歌留多《かるた》」の言葉は、多くの人が知っているであろう。けれど、この言葉の出典が、はるかに歴史をさかのぼること千八百年、インドの高僧、龍樹菩薩が、般若の空の思想を表した『大智度論』だということを知る人は、少ないのではなかろうか。専門家でも難解な『大智度論』の、その中の名言の片々が、こういう形で日本人の心を養ってきたのかと、思いを新たにしたことである。

この龍樹菩薩が活躍した西暦二、三世紀頃に、『般若心経』も成立したと伝えられている。

龍樹菩薩より百年ほどあとに出た鳩摩羅什《くまらじゅう》（三四四〜四一三）は、インド人を父に持つ西域の僧で、翻訳にはもっともふさわしい環境に育った人といえよう。この鳩摩羅什によって訳出された『摩訶般若波羅蜜大明呪経《だいみょうしゅきょう》』が、現存する最古の『般若心経』でこれを旧訳《くやく》と呼び、それより更に二百五十年後に、玄奘三蔵《げんじょうさんぞう》（六〇〇〜六六四）によって訳された『般若波羅蜜多心経』が、今日読まれている『般若心経』である。ちなみに鳩摩羅什訳を「旧訳」と呼ぶのに対し、玄奘の訳は「新訳」と呼ばれている。

玄奘三蔵は二十八歳のとき、真実の仏法を求めてただ一人母国である中国を密出国し、十七年という気の遠くなるような年月を費やしての旅を続けた。

あるときは熱砂のタクラマカン砂漠を、あるときは吐く息も凍る天山山脈の冬の山越えを、孤独と危険に堪《た》えながら、ただひたすら西に向かっての一歩を進めてゆくとき、玄奘三蔵はつねに『般若心経』を唱えつづけていたという。このとき玄奘三蔵の唱えていた『般若心経』は、鳩摩羅什訳のものであったろう。

その時、中国は唐二代、太宗《たいそう》の時代。太宗は理想的な政治をした名君とたたえられ、その政治のありようを訳したものが『貞観政要《じょうがんせいよう》』として伝えられている。『貞観政要』は日本の上代の為政者の必読の本であったようで、摂関家の生まれである道元禅師も、幼少から熟読しておられたのであろう。道元禅師の書には、しばしば唐の太宗にかかわる引用がみられる。

この太宗は十七年の歳月をかけての求道の旅から帰ってきた玄奘三蔵を、密出国を許すばかりではなく丁重に迎え入れ、理想的な政治を行うための側近となるよう還俗をすすめるのであるが、玄奘三蔵は毅然として断りつづける。仏法を伝えること、伝来した梵本の経典の漢訳に命をかけたいことを理由として。そこで太宗がたのんだのは、西域諸国の政状を見聞してきた旅行記であり、側近としてたずさわる代りに書いたのが『大唐西域記』といわれている。

第一章　経題に教えを聴く

摩訶般若波羅蜜多心経

「摩訶」とは「梵語」で「仏さま」ということ

日本人にとって「摩訶《まか》」という言葉も「般若《はんにゃ》」という言葉もなじみ深い。「摩訶不思議！」などと熟語してマンガなどにも登場するし、「般若」は「般若の鬼面」とか「般若湯《はんにゃとう》――酒のこと――」などといって怖れられたり歓迎されたりしている。これはいずれもインドのサンスクリットの音を写したものである。この他にインドではパーリー語が使われている。サンスクリットは経典など聖なるものを表現するとき用い、パーリー語は一般民衆の言葉と考えたらよいであろう。

御主人のことを「檀那さま」と呼び、あるいは「那落の底に落ちる」とか「読書三昧」「釣り三昧」などというのも皆サンスクリットである。ちなみに檀那《だんな》は布施《ふせ》をする人、那落《ならく》は地獄のこと、三昧《ざんまい》は禅定《ぜんじょう》、または心が静かに統一されて安らかな情態を意味する。

『摩訶般若波羅蜜多心経』の題のうち、「心経」だけが中国語で、あとは皆サンスクリットの音を漢字に写したもので、これを音写《おんしゃ》という。中国人はカタカナ、つまり表音文字を持っていないから、漢字の音だけを借りて表した。表音文字であるところのカタカナやひらがなを持っている日本人が、直接サンスクリットから音写したとしたら、「マハー・プラジュニャー・パーラミター・フリダヤ・スートラ」（Mahā-Prajñā-pāramitā-hṛdaya-sūtra）ということになろう。事実、アメリカのベナージュ大円尼やその弟子たちは、皆そのように唱えている。

「摩訶」は「大きい、多い、勝れている」などと訳され、形容詞として使われていることのほうが多い。「大般若《だいはんにゃ》」といったときは、三つの中の「大」がとりあげられたのであり、「摩訶般若」の場合はサンスクリットのままで使われたということになる。しかし、大、多、勝という言葉に一応は意訳されても、小に対する大、少ないに対する多い、劣に対する勝というように、人間の頭で考える比較の上の話ではなく、比較を超えた世界を表現しようとしたものである。松原泰道《たいどう》老師はこれを「超越的実在」と呼んでおられる。

「摩訶は大なり、身無《みな》きをいう」

これは至道無難禅師《しどうぶなんぜんじ》の言葉であるという。至道無難禅師という方は岐阜・関ヶ原の出身で、信州・飯山《いいやま》に出られた正受老人《しょうじゅろうじん》のお師匠さまであり、正受老人に参じた方にかの有名な白《はく》隠《いん》禅師がおられる。

「摩訶は大なり、身無きをいう」、まことに簡にして要を得た説示である。「身無き」つまり具体的な姿を持っていないものだという。青山俊董という具体的な姿をいただいてしまうと、いつでもどこにでも存在するというわけにはいかない。塩尻にいると同時に名古屋にも東京にもいるというわけにはいかない。また、生まれてくるという始めがあり、やがて必ず死んでゆくという終わりもある。雲や雪という、植物や動物という、具体的な姿をいただけば、空間的制約と時間的制約の中での存在となる。

限定された姿形を持たない、たとえば空気のようなありようならば、いつでも、どこでも、というあり方ができる。そのようなあり方で存在すると考えられるものを、人々はときに仏と呼び、神と呼び、いのちと呼び、親さまと呼び、又はお働きさまと呼んできた。柳宗悦《むねよし》さんが「仏トナ、名ナキモノノ御名《みな》ナルニ」といい、「ドコトテ御手《みて》ノ真中《まなか》ナル」と語ったのもそれである。

奈良の大仏さまと親しまれてきた東大寺の毘盧遮那仏《びるしゃなぶつ》はサンスクリットの呼び名で、「遍《へん》一切処《いっさいじょ》」と訳す。つまりあまねく一切のところにみちみちておいでになる御生命《いのち》、御働きというのであり、真言宗では大日如来《だいにちにょらい》とお呼びし、光明遍照《こうみょうへんじょう》とたたえる。毘盧遮那とは元来インドでは太陽を意味するという。

唯一神教と思われるキリスト教も『出エジプト記』には、神は「ありてあるもの」と記さ

れてあるという。この世のすべてのものは神の成れるものであり神でないものはないという
のである。この天地間のすべては仏性《ぶっしょう》の展開であり、仏の御働きのままに生かされてい
ると説く仏法と、少しも変わるところがないではないか。
あるとき、神主《かんぬし》さんに「神社で大日如来を祀《まつ》っているところがありますが、大日如来とは
どういう仏さまですか」と質《たず》ねられ、「神道《しんとう》でいう天照大神《あまてらすおおみかみ》とお考えになったらよろしい
でしょう」と答えたことがある。
呼び名と多少のニュアンスこそ違え、時と処と民族の違いを超えて、人々は同じことを考
えたり求めたりするものである。「真理は一つ、切り口の違いで争わぬ」とおっしゃった余《よ》
語翠巌《ごすいがん》老師の言葉を思い、また宗教の名のもとに争うことの愚かさを、あらためて思ったこ
とである。

知識ある愚かな人間と智慧ある白鳥と

三月十八日（平成十四年）、十三夜の月の美しい夜、白鳥たちが一斉に北へ向かって飛び

立った。日本の各地で越冬した白鳥たちは、いったん北海道のサロマ湖に集結し、数日ここで羽を休め、再びシベリアに向かって最後の旅を続ける。その全行程は四千キロに及ぶという。

御法事の席でこの話をしてくれたS新聞の報道部のM氏は、更に次のような興味深い話をしてくれた。

「東邦大学の助教授でアホウ鳥の研究をしておられる長谷川博先生が、白鳥を抱いてプラネタリウムへゆき、南十字星の輝く南半球の夜空を見せたというのです。初め白鳥はソワソワと落ちつかない様子でしたが、やがてガタガタと震え出しうずくまってしまった。次に北半球の夜空を見せたところ、とたんにスックと立ちあがり、羽をバタバタさせ、北極星に向かって飛び立とうとしたというのです。つまり白鳥は星座を見わける智慧《ちえ》を持っているというのです」

私は深い感動をもってこの話を聞きながら〝人生も同じだな〟と思った。北半球を舞台として棲息《せいそく》する白鳥たちは、その四千キロに及ぶ空の航路を、北極星を中心とする北の星座によって確かめながら飛んでいたのである。その白鳥が、見たこともない南半球の星座の下におかれ、自分の今いる位置も、したがって飛んでゆくべき方向もわからない怖れにおののき、うずくまってしまった……。
　ある夏の夜、友の運転する車で帰る途中、山の中で道をまちがえてしまった。街灯もなく道を尋ねるべき人家もない。自分たちが今どこにいるのか、どこに向かって走ったらよいのか、皆目見当もつかない不安の中で、やみくもに車を走らせたときの心細かったこと。山のヒダから遠くに国道らしき街灯の列を見つけ出したときの喜び、「アッチへ向かってゆけば何とかなる！」と方向づけができたときの安心感を、今も鮮明におぼえている。

眠り得ぬものに
夜はながく
つかれたるものに
五里の路はながし
正法を知るなき
おろかの者に
生死《ひとよ》の輪廻は
ながからん

（『法句経』）

人生行路の中で、自分の足もとを照らし、ゆくべき方向を指示してくれるともしびとなるのが、仏の智慧であり、その教えである。

M氏は語りつづける。

「白鳥はとても礼儀正しい鳥なんですよ。一つのグループに仲間入りをさせてもらうときは、何度も何度も頭を下げてお願いするんだそうです。受け入れる側もまた〝よろしい〟といわんばかりに頭を下げ、それから仲好く一つの仲間として行動するというのです。ところがどうです。今の若者ときたら、知識は山ほど持っていて理屈は述べますよ。言葉だって何カ国語もしゃべりますわ。それが〝おはようございます〟の挨拶も〝ありがとうございます〟〝すみません〟の一言もいえないんですからねえ。お話になりませんよ」

私は思わずいった。

「たとえ科学の知識をどれほど持っていようが、あるいは何カ国語でも駆使する語学力を持っていようが、そのことと人間が立派であるということとは別です。知識というものは道具にすぎません。問題はその道具をどう使いこなしてゆくか、使い手である人間そのものをどう育ててゆくかにあるのです。

今の学校教育も知育にばかりかたより、親たちも勉強さえしていればよい、点数さえよければ安心、などととんでもない考えを持ち、肝心な人間づくりをなおざりにしております。人間教育ゼロの者が、手に知識や技術ばかりをたくさん持つと、子供の火遊び同様に危険きわまりないことになります。オウム真理教に走った優秀な青年たちが、その高度な知識や技術を使って、無差別殺人事件をひきおこしたのなどは、そのよい例ですよ。知識はあっても智慧のない人たちといえましょう」

『般若心経』の「般若」はサンスクリットではプラジュニャー（prajñā）、パーリー語ではパンニャー（paññā）といい、このパンニャーが「般若」と音写され、一般には「智慧」と訳されている。

後天的に本を読んだり学んだりして手に入れてゆくものを知識と呼ぶのに対し、智慧は生命の本源から湧き出てくるもの、仏性の働きそのものといってよく、白鳥が北極星を見て羽ばたくのも、仲間入りをするとき挨拶するのも神よりの授かりの智慧といえよう。それに対し、科学や経済の知識や語学ができるというのを知識と呼びわけている。

智慧は仏の働き、光明にたとえる

「息ひとつでもわが力でしとるがでないこたようわからんか。ピチピチして泣いとるときでも、やっぱり息しとる。おかしいておかしいて腹ねじれるほど笑うとるときでも、やっぱり息しとるがや。みんなあたえられたもんやったなぁと、いうもんいただかいてもろうと、あったかい世界やわね」

これは小松市の山越初枝さんという七十六歳になるお婆ちゃんの言葉だという。初枝さんは更に言葉を続ける。

「ただ、子どもを育てて、財産残してというけど、それだけやったら、人間の一生って淋しいもんや。われわれに一億の金もたしたってなんになるいね。心の財産ないほどの貧乏人はおらんわ」と。そしてその心の財産とは、「今の一息がおあたえやった」ということに「ありゃあ」と気づかせてもらうことだという。（松本梶丸『生命の大地に根を下ろし』樹心社）

「摩訶は大なり、身無きをいう」と示された至道無難禅師は、続いて「般若は何もなき所より出る智慧をいう」と語っておられる。「身無き」を「何もなき所」といいかえておられる。つまり私とかあなたとか、鳥とか花というような具体的姿を持たないもの、限定された姿を持たないからこそ、いつでもどこでもという存在のあり方をするもの、天地いっぱいのお働きそのもの、それを人々は毘盧遮那《びるしゃな》と呼び、大日《だいにち》如来と呼び、阿弥陀《あみだ》如来と呼び、その徳や働きを「遍一切処《へんいっさいじょ》」と訳し、「光明遍照《こうみょうへんじょう》」と讃《たた》え、「無量寿光《むりょうじゅこう》」とお呼びしてきた。

ちなみに、「阿弥陀如来」の「阿弥陀」も梵語で、漢訳して「無量寿光」、「無量」は「無限定」、「寿」は喜寿、米寿、白寿などといって「いのちひさし」と読む。「光」は「遍在」を意味する。つまり無限の時間と無限の空間と、いつでもどこでも、ゆきわたらないところはないという姿での働きを象徴した呼び名といえよう。

この世に生を受けて以来今日まで、気まぐれな人間たちは、あせったり怠《なま》けたり、なげやりになったり、ときに恨《うら》んだり忘れてしまったりしているけれど、オハタラキサマは一刻一秒も休むことなく、眠りこけている間も私の心臓を働かせ、呼吸を出入りさせつづけて下さっている。その同じ働きが眠りをもたらし、食欲をも授けて下さる。この仏よりの働きを智慧という。

「実智慧は則ちこれ老病死海を渡る堅牢《けんろう》の船なり、亦《また》これ無明黒暗の大明燈なり。……もし人智慧の照あればこれ肉眼《にくげん》なりといえどもこれ明見《みょうけん》の人なり」

これはお釈迦さまの遺言の教えと伝えられる『遺教経《ゆいきょうぎょう》』の中で、「智慧」についての示誡の一句である。このように古来、仏の働き、仏の智慧を、闇《やみ》を照らす光明にたとえてきた。光明は、闇のゆえに見えず、見えないがゆえに気づいていなかったものを、見せ、気づかせて下さる。真暗闇で何も見えていなかったものが、太陽が出ることで、月が出ることで、灯明がともることで、そこに山があり、河があり、花が咲き蝶が舞っていることに気づかせてもらうことができる。一息の呼吸も、眠りも、手や足のあげおろしさえも、皆授かりであったことに気づかせてもらうことができる。

ここで心しておかねばならないことがある。光明に照らされることで、それまで無かったものが忽然《こつぜん》と現れたのではなく、もともとあったもの、初めからあったもの、すでに授かっていたものなのだけれど、闇ゆえに、眼が見えなかったばかりに、見えず聞こえなかっただけなのだという、この一点である。沢木興道老師は「凡夫が修行してボツボツ仏になるのではない。初めから仏。その仏に気づかず迷っているのを凡夫と呼ぶ」とおっしゃっておられる。その初めから授かっている働き――これを本具《ほんぐ》という――に、「ありゃあ」と気づく、それをお宗派によっては「お悟り」と呼び、また「成道《じょうどう》」と呼ぶ。

智慧は人生行路を照らし導く灯台

深夜、山中で道に迷い、不安の中にさまよったあげく、山あいより遙か彼方に国道らしき灯《あか》りの列を見たときの喜び、あっちへ向かってゆけば何とかなると確信がついたときの安堵。それが光明の一つの働きでもある。人生の闇路を照らし、まちがいのない方向指示をしてくれるのが、仏の智慧の光明なのである。

この智慧の働きを、仏教の深層心理学ともいえる「唯識《ゆいしき》」では「簡択断疑《けんじゃくだんぎ》」――択《えら》び分けて、まちがいないと疑いを断ずる――と訳している。「唯識」の泰斗であられる太田久紀先生の言葉に耳を傾けてみよう。

「『えらび分ける』とは、是非善悪をえらび分けるのである。何が真であり何が偽であるか、なすべきは何で、なしてならぬのは何か、それをえらび分けるのが〈慧〉である。そしてそれが深まって『ああかもしれぬ』『こうかもしれぬ』というためらいが、きっぱりと捨てられる、その決断が〈智〉である」

「えらび分けのない決断は独断《ドグマ》にすぎぬであろうし、決断のないえらび分けは、彷徨以上

の何ものでもあるまい」（太田久紀『「唯識」の読み方』大法輪閣）

凡夫人間の択びでは〝どうしよう、こうしよう、うまい方へころがろう〟という、我欲を中心にすえた追ったり逃げたりの択びであり、そこに待っているのは果てしない流転の人生でしかない。仏の明らかな智慧の眼をいただいて初めて、まちがいのない道を択びとることができるのである。

みんないちばんいいものをさがそう
そしてねうちのないものにあくせくしない工夫をしよう

これは八木重吉が「寂寥三昧《せきりょうざんまい》」という詩の中で歌っている一節である。人によって「いちばんいい」と思っているものが違う。金がいちばんいいと思い、かけがえのない人生を金もうけにかけてしまう人もいる。名誉が欲しくて、名誉を手に入れるためにすべてを投げうつ人もいよう。色恋におぼれて前後が見えなくなってしまう人もいる。

「択べ、択べ、択べ、択べ」

これは中国、南北朝時代に出た南岳慧思《なんがくえし》禅師（五一五〜五七七）の「立誓願文」の結びの一句である。心の眼をカッと見開き、何が真で何が偽りか、何が善で何が悪か、なすべきことは何か、なしてならぬことは何か。大きくはたった一度の命を何にかけるか、小さくは今一言語るべきことは何か。徹底的に択び抜いてゆけというのである。択びぬいて（慧）、まちがいなしと決定する（智）、そこにゆるぎない「信」が生まれる。

「信は心をして澄浄ならしむ」

と『倶舎論』が説くゆえんもここにある。よく「鰯の頭も信心から」といわれるが、これは盲信、迷信にすぎず、鰯は鰯と見れるのが信である。ほんとうの信は、のぼせあがらせることではなく、のぼせが下がることなのである。冷厳な智慧を裏打ちとしての信であることを忘れてはならない。

何をこそ最高とするか。たった一つの命をかけるに足るものは何か。択ぶ目の深さ、高さがその人の人生を決める。ある宗教団体に走った一人の青年が、参禅会にやってきた。

「私に択ぶ目がなかったばかりに、A師を正しい師と思って入信してしまいました。私の一生を台無しにしたばかりではなく、親族までも闇路にさまよわせてしまいました。まちがいに気づいた今、軌道を修正するのに必死です。どうぞ教えて下さい」

血を吐くような切なる姿で求めて来た青年の、真剣なまなざしが今も私の心にやきついている。求める心は尊い。しかし択ぶ目がないと大変なことになってしまう。

択ぶ眼を育てるためには正しい師を択ばねばならない。道元禅師が、

「正師を得ざれば学ばざるにしかず」（学道用心集）

と示されているように。道元禅師は師と学人を大工と材木にたとえ、「たとえ良材でも腕のない眼のない大工に出会ったら台無しにされるであろう。たとえ節だらけの曲木であっても、腕のある眼のある大工なら節を生かし、曲がりを生かしてくれる。だから正師に会うことができなかったら、むしろ学ばないほうがよい」とおおせになっておられる。

更に、この師につく姿勢として、沢木老師は「犬的信者や猫的信者」になってはならない、「業相につかず法につけ」と、つねづねおっしゃっておられた。のぼせあがってファンのようにどこまでもついてくるというのが犬的信者。犬は人につく。一方、たとえば沢木老師が本山の役寮になったとか大学へ勤めるようになったというように、いわゆる有名人になるとくる、というのが猫的信者。猫は家につく。どこまでも醒めて、その人の「法」につけと。正師といえども人間である。完全ではない。冷厳な醒めた眼で、しかも徹底的にその法につききれと説かれる。

くれないに命もえんとみどりなす黒髪断ちて入りし道かも

これは十六歳で出家をしたときの思いを、後に歌ったものである。いくつもある命、やりなおしのできる人生なら妻となり母となる道も歩いてみたい、学者の道も文学の道もまんざらではない。それなりの誘惑もたくさんある中で択びに択んで最後に、この道以外にないと決着がついた世界が、この道であったわけである。私なりに一筋に歩んですでに七十年余り。私の択びにまちがいのなかったことを喜ぶと共に、その目を幼児期から育てつづけてくれた師匠の恩を思うことである。

生かされていることに気づく——波羅蜜多の心

「摩訶般若波羅蜜多」の「波羅蜜多」は、梵語《ぼんご》（サンスクリット）のパーラミターの音を漢字に写したものであることは前に述べた。「摩訶」が「大・多・勝」などと多くの意味を持っているように、「パーラミター」も大きく分けて「到彼岸《とうひがん》」と「完成」の二通りの読み方がされている。「到彼岸」は、「彼岸に到る」「彼岸に渡る」ということで未来形であり、「完成」は〝すでにそうなっている〟〝すでに彼岸に渡っている〟という過去形と受けとめることができよう。

余語翠巌老師は、「法輪本転、無欠無余」——法輪本《ほうりんもと》より転じて、欠くることなく余ることなし——の道元禅師のお言葉を引用し、

「此岸《しがん》から彼岸《ひがん》へわたるとすれば、それなりの努力がいる。「彼岸到」と訳すとどうなるか。天地法界の生命が働きかけてくる」

とお説き下さった。

愛の教育に徹しられた東井義雄《とういよしお》先生のところへ、深夜に電話が入った。受話器をとってみたら男の方のせっぱつまった声で、

「世の中の人がみんな私を見捨てた、裏切った。生きてゆく勇気を失ったから今から死のうと思う。けれど一つだけ気になることがある。〝南無阿弥陀仏〟と唱えて死んだら救ってもらえるか⁉」

という。

「待って下さい。あなたの気まぐれな〝南無阿弥陀仏〟ぐらいで救われるものですか。そ

れよりも、あなたはまわり中が見捨てたというけれど、あなた自身が自分を見捨てて死のうとしているじゃありませんか。そのときも一刻も見捨てず、働きかけ通しに働きかけ、呼びかけ通しに呼びかけていて下さる、その方のお声が聞こえませんか！」

と東井先生。

「そんな声、どこにも聞こえやしない」

と電話の主。

「死のうとしているそのときも、死なせてなるものか、がんばってくれよ、乗り越えてくれよと、あなたの心臓を働かせ、あなたの呼吸を出入りさせて下さっている、それが仏の呼び声であり、仏よりの働きかけなのです。そのほかのどこに仏がいると思うのですか」

と東井先生。

「勘違いをしていたようだな」

といって、電話の主は電話を切ったという。

眠りこけている間も腹を立てているときも笑いころげているときも、変わらず私を生かしつづけていて下さる働き、いや眠ること、腹を立てること、笑うことすらもそのお働きによってこそ、のその働きは、初めからの授かりであって私の努力や修行の力によって手に入れるものではない。その意味では、余語老師の「彼岸到、彼岸が向こうからやってくる」のであり、すでに「完成」されている、つまり過去形である。

沢木興道老師は、

寝ていても運ばれてゆく夜汽車かな

の句をあげて、

「凡夫が修行してボツボツ仏になるのではない。初めから仏。ただそれに気づかずに迷っているのを凡夫という」

とおっしゃった。「初めから仏」、これが「完成」であって過去形である。しかし気づかねばならない、これは未来形である。気づく、気づかないにかかわらず、初めから仏の生命をいただき、そのお働きの只中《ただなか》にあって生かされていても、気づいていないと、当人にとっては「無い」と同じであるといえる。初めから授かっている生命の姿——本具《ほんぐ》という——、天地の姿に、〝ああ、そうであったか〟と気づかせていただく、それがパーラミターの心であり、私は過去形、未来形ともに大切な受け止め方だと思っている。

認識にのぼらなければ「無い」と同じ

何年も前のことになるが、沖縄からスキーに来て大変な事故に遭い、意識ももどらず、植物人間になってしまうであろう、と医師から宣告された娘さん。たまたま無量寺の熱心な参禅会員が看護に当たったことから、私の本を次々とこの母娘の枕もとに届け、励ましつづけた。娘さんは奇跡的に快復し、両松葉杖ながら退院し、明日沖縄へ帰るという前夜の参禅会にやって来た。帰りぎわ、娘さんの口から「十九歳の厄払いと思って」という言葉が出た。

私は思わず叱りつけた。

「何が厄払いだ！　払い落としてしまってはもったいない！　一生の財産にしないでどうする！　自分で食べることもしゃべることも、起きあがることも歩くことも、用を足すことも何もできなくなってしまった。そこから一つずつできるようになった。指や腕が動いて茶碗や箸が持てる、口が動いて食べられる、しゃべれる、呑みこめる、消化することができる、自分の足で歩けるようになる、自分の力で大小便の用が足せる……。

一つ一つ、全部あたりまえと思っていたことのすべてが、途方もなく大変なことであったと気づかせていただくことができた。すべてあたりまえというところからの出発は不足しかない。あたりまえと思っていたことの一つ一つの背景に、天地いっぱいのお働きがあったことに気づかせていただくことができたら、こんなに豊かなことはないでしょう。失うことを通して豊かな授かりの世界に気づかせていただくことができた、この経験を、生涯の財産として大切にしてゆきなされ。

また、あなたの看病のために命をかけたお母さまをはじめ、多くの方々の善意も忘れてはならない」

まじろぎもせずに聞いていた娘さんは、沖縄へ帰って長い長い手紙をくれた。

「《厄払いなんてとんでもない！　一生の財産にせよ》とおっしゃって下さった言葉を決して忘れません。それまで《十九歳の厄払いも終わった》というセリフを口にすることで、その場が盛り上がることを何回も体験してきた私にとって、青山先生のこのお言葉は、ピシッと頬を叩かれたような感じでした。《そうだ。そのとおりだ。私はこの事故によって大切なことをたくさん学ばせていただいているのだ》と。それから私は二度と《十九歳の厄払い》を口にすることはなくなりました……」

その一年後に松葉杖もすっかりとれ、大学へ進み、卒業後はマザーテレサの奉仕活動に参加していることの便りをいただいた。

人は失うことを通して、ようやくに授かりに気づくものである。失ったことにのみ心奪われ、心乱れ、授かりに気づかずに終わる人もいるが。

この「授かり」、これが過去完了形で、「波羅蜜多」の一つの意味の「完成」であり、「すでにそうなっている」「初めから彼岸の只中」の意味である。しかしそのことが「ああ、そうであったか」と認識にのぼらないと、当人にとっては「無いと同じ」ということになる。

たとえば、ニュートンがリンゴの落ちるのを見て引力を発見した話は誰でも知っている。ニュートンが引力を見つけ出してから引力が働き出したわけではない。見つけ出そうと出すまいとにかかわらず引力は働いている。それが「完成」であり、過去形で表現される一面である。しかし、リンゴが落ちるという現象を通して、科学の眼を持ったニュートンには引力の存在を見つけ出し、認識にのぼらせることができたが、節穴でしかない私の眼は、「リンゴが落ちた」ことしか見えない。見えない者にとっては、そこにまちがいなく引力が働き、その力のお蔭で現に地球にはりついていることができていても、当人の意識の上においては「無い」と同じといえる。

失うという苦しみに導かれてアンテナが立ち、傷口から教えがしみこみ、教えに照らし出されて授かりの姿に気づかせていただく。ああ、そうであったかと認識にのぼらせていただくことができる。これが「彼岸に到る」のであり、未来形で表現される一面である。この気づき、これを「覚」とか「悟」という言葉で表現する。

瑩山《けいざん》禅師の一番弟子の明峰素哲の法を嗣いだ人に、九州・肥後の出身の大智禅師がある。この大智禅師の「仏成道」と題する七言絶句の第一句めは、「果満三祇道始成」である。「果は三祇に満ちて道始めて成ず」と訓読するのが普通の読みであろう。永平寺貫首の秦《はた》慧《え》玉《ぎょく》禅師、そして余語翠巌老師はこれを「果は三祇に満ちて道始めより成ず」と読まれた。気づく気づかないにかかわらず始めからいただいている働きという点では、「始めより成ず」なのである。しかし気づかなければしようがない。その働きの只中にあり、それを受用させていただいていても（始めより成ず、過去完了形）気づかなければ当人にとっては無いと同じ。〝ああ、そうであったか〟と気づかせていただくことで、今日只今に生きてくる。これは未来形で、さんざん迷い、求め、ようやくにして気づくことができた、それが「果は三祇に満ちて道始めて成ず」の未来形となる。私はどちらも大切と思っている。

キョロキョロせず今、ここに腰をすえる

石川県松任《まっとう》の本誓寺さまをお訪ねしたおりのこと。千年の歴史を持つとお聞きして思わず「お古いんですね。もとは天台宗か真言宗でいらっしゃったのですか?」とお尋ねした。

本誓寺さまは浄土真宗。禅、浄土、日蓮の三派は鎌倉時代に開かれた仏教で、どんなに古くても七、八百年というもの。千年ということは、平安朝仏教の、天台宗か真言宗ということになる。御住職の松本梶丸先生がお答え下さった。

「もと天台宗に属する寺でした。親鸞聖人《しんらんしょうにん》が越後に流される途中この地をお通りになったおり、手取川が氾濫《はんらん》して足どめをくい、この寺に数ヵ月滞在されました。そのときの住職が親鸞聖人のお人柄にすっかり惚れこみ、浄土真宗に改宗したと伝えられております」

深い感動の中にこのお話を聞きながら思った。「心あるお方の歩まれるところ、どこもお浄土となるのだなぁ」と。一般的なモノサシで考えると、受け入れ側としては流罪人《るざいにん》であり、行く側としては流罪地であり、どちらも好ましきものではないはず。しかし親鸞聖人のようなお方にとっては、嫌うべきところも欣《ねが》うべきところもなく、行くところ、歩まれるところ

がお浄土の真只中と変わるのである。反対に心ないものの行くところ、お浄土さえも地獄に変えてしまうということになろう。

村の中に
森の中に
はた海に
はた陸《おか》に
阿羅漢《こころあるもの》
住みとどまらんに
なべてみな楽土なり

これは『法句経』九十八番の一偈《げ》である。こころあるお方のゆくところ、とどまりたもうところ、そこが皆お浄土になるというのである。生きる力を失った者が勇気をいただき、どっちへいってよいかわからなくて苦しんでいた者が、ゆくべき道を見つけ出し、悲しみが逆に喜びと変わり、ヒキツッタ顔がニコニコとほころんでゆくというのである。

至道無難禅師は「摩訶は大なり、身無きをいう」と示し、「般若は何もなき所（摩訶）より出る智慧」と説かれ、白隠禅師はこの「波羅蜜多」を「者裏《しやり》」と訳された。「這裡《しやり》」とも書き、「今ここの足もと」というほどの意味といったらよいであろう。

「禅寺へゆくと玄関によく《脚下照顧《きやつかしようこ》》と書かれてありますが、あれは履物を揃えて脱げということですか？」と質《たず》ねた人がいた。とりあえずは履物であろうが、毎日の生活の一歩一歩を大切に生きよということ、そのほかに仏道修行もなく、そのほかに彼岸も浄土もないのだよ、というお諭しが「脚下照顧」と示されたお心であろう。

唐時代の禅の巨匠で洞山良价《とうざんりようかい》禅師という方がおられた。あるとき一人の雲水との間にこんな問答が交された。

僧洞山に問う「寒暑到来《かんじよとうらい》す。如何《いかん》が廻避《かいひ》せん」

山云《いわ》く「何ぞ無寒暑《むかんじよ》の処に向かって去らざる」

僧云く「如何なるか是れ無寒暑の処」

山云く「寒時には闍黎《じやり》を寒殺《かんさつ》し、熱時《ねつじ》には闍黎を熱殺《ねつさつ》す」

「暑さ寒さがやってきた。どうやって逃れたらよいでしょうか？」という問いに対して、洞山さまは「暑さや寒さのないところへ行けばいいじゃないか」と答えられた。「そんないいいところがどこにありますか？」という重ねての雲水の問いに対して、「寒いときは寒さと一つになり、暑いときは暑さと一つになることだよ」と答えられたのである。もう一歩踏みこんで、寒いときは寒さをたのしみ、暑いときは暑さをたのしんでゆこうじゃないか、という毎日の生き方となる。これが「者裏」と示され、「脚下照顧」とさとされ、更に「脚下黄金地」という言葉の心でもあろう。

彼岸とか浄土という言葉には、〝ここをおいてどこかへ〟という響きのあることをいなめない。沢木興道老師は「《ここをおいてどこかへ》これを流転《るてん》という」とおっしゃった。彼岸、此岸は地理的な問題ではない。いかなるところであろうと、たとえ地獄の底であろうと、「者裏」と心に決定してガタガタしない、更には南無地獄大菩薩《なむじごくだいぼさつ》と地獄を拝めるようになる、これが波羅蜜多の心でもあろう。

『心経』とは「心髄を説いた経典」の意

『摩訶般若波羅蜜多心経』の題のうち、「心経」だけが中国語で、あとはサンスクリットの音を漢字に写したものだということは、すでに述べた。

では、「心経」と漢訳されたもとのサンスクリットは何かというと「心」は「フリダヤ」(hṛdaya)、「経」は「スートラ」(sūtra)となる。「フリダヤ」には心臓の意味があり、転じて心髄、肝要となった。したがって「心経」は、「心髄を説いた経典」と訳すのが、もっとも素直な訳といってよかろう。

「経」には「たて糸」という意味がある。機《はた》を織《お》るのに、よこ糸はさまざまに変わってもたて糸は変わることがないのにたとえ、「永遠に変わらない真理」を意味する。

「和を以《も》って貴しとなす」の聖徳太子の言葉は、誰でも知っていよう。日本の歴史の巻頭を飾る「十七条の憲法」の第一条の冒頭に出てくる言葉である。第六条には「彼れ是《ぜ》なれば我れ非《ひ》なり。我れ是なれば彼れ非なり。我れ必ずしも聖に非ず、彼れ必ずしも愚に非ず、共にこれ凡夫のみ」という有名な言葉が出てくる。皇位継承の血なまぐさい争奪戦の中で太子は祈る思いでこの十七条の憲法を制定され、仏法の心をもって政治を摂られた。

この聖徳太子みずから著されたものに『三経《さんぎよう》義疏《ぎしよ》』があり、その中に、

「経とはこれ漢の語なり。外国には修多羅《しゆたら》という。経の義は法と訓じ、常と訓ず」

とある。つまり経というのは漢訳した言葉でインドでは修多羅（スートラ）といい、「法」

とか「常」という意味を持っている、というのである。そして更に、時と処を超えて変わらぬものであるから「常」といい、それが人々の歩むべき道でもあるから「法」というのだという説明をそえておられる。

「法」はサンスクリットでダルマ（dharma）といい、「真理」と訳され、またその真理によって生きる具体的生活規範などの意味も持っている。

沢木興道老師はあるとき、「飲み方に流儀はあっても、胃の消化の仕方に流儀はない」とおっしゃった。胸のすくようなお言葉である。茶の湯の流儀には、表千家と裏千家とか、いろいろあり、一服のお茶をいただくのにも、お茶碗を右へまわせとか左へまわせとか、むずかしいことをいう。しかしそれは入り口の話であり、人間の世界の、もっといえば小さなグループの中の約束ごとにすぎないのであって、胃が表千家流に消化するとか、裏千家流に消化するということはない。

人間の約束ごと、これは時代により、処により変わる。昔と今とも変わり、日本とアメリカでも変わり、表千家というグループ、裏千家というグループによっても変わる。変わるものは「常」とはいえない。これを「律」という。「道徳律」などと呼ばれるのも、これに当たる。

これに対し、胃の消化の仕方、これは人間の約束ごとではない。天地の道理であり、真理そのものである。この常恒《じょうごう》に変わらない真理そのものを「経」または「法」という言葉で表し、「たて糸」にたとえるのに対し、律は「よこ糸」にたとえることができよう。

ただし、どこまでも「真理」であるところの「法」「経」をたて糸として織りなすよこ糸としての「律」でないと、「律」が真理からそれて、まちがった方向へいってしまう。「法律」と熟語される意味もここにある。

今日「法律」という言葉は、政治や経済などの言葉と共に一般の言葉として用いられているが、二千五百年前のお釈迦さまの頃からすでに使われ、永遠の真理と、それにしたがって生きるべき人間の生活規範とを表現した言葉であったのである。

天地の道理、真実に反するような政治や、無差別殺人などを平気でやれるような、または常識では考えられないような戒律で人々の生活をしばる一部の宗教が、正しいものであるはずがない。真理としての法をたて糸として織りなすよこ糸としての律であるかどうかを、冷静な眼で見破り、まちがったものにのぼせあがり、おどらされないように、心して対処してゆかねばならないと思うことである。

第二章　観音さまの無限のはたらき

観自在菩薩。行深般若波羅蜜多時。
照見五蘊皆空。度一切苦厄。

観自在菩薩、深般若波羅蜜多を行ずる時、
五蘊皆空なりと照見して、一切の苦厄を度したもう。

仏とは偶像ではなく象徴的存在

ようやく『摩訶般若波羅蜜多心経《まかはんにゃはらみったしんぎょう》』というお経の題についてのお話を、一応終えることができた。至道無難禅師《しどうぶなんぜんじ》は、本文の冒頭に「是ヨリ末ハ注ナリ」といいきっておられるように、経題の説くところが心のどん底に落ちつけば、もうそれで『般若心経』の学びは終えたといえるほどに、解題《かいだい》は大切といってよいであろう。

本文のまっ先に「観自在菩薩」と出てくるが、この仏さまは一般には「観音さま」の名で親しまれているお方のことである。よく「観音さまは女の方ですか」とか、「大日如来《だいにちにょらい》とか阿弥陀《あみだ》如来とか薬師《やくし》如来とかたくさんいらっしゃいますけれど、仏さまに序列があるのですか」とか、「仏教は多神論ですか」とか、いろいろの質問を受ける。こういう方々は、どこかにそういう偶像のような存在があって、われわれを見張り、罰《ばつ》を与えたり功徳《くどく》を与えたりしていると、漠然と考えておられるのではなかろうか。

柳宗悦さんの言葉に「仏トナ　名モナキモノ　御名ナルニ」というのがある。青山俊董という名がつき、または蝶や花という具体的な姿をいただくと、生まれてくる日があるかわりに、必ず死んでゆく日がある。つまり時間的にも空間的にも限られた存在となる。形もなく、したがって名もなきものというあり方は、時間的にはいつでも、空間的にはどこでもという存在であり、いいかえれば永遠普遍の存在ということになる。

眠っている間も私の心臓を働かせ、呼吸を出入りさせて下さっているその働き、食べたものを消化させ、必要なところへ栄養を送りとどけ、仕事を終えたものは排泄してくれるその働き、それを仏と呼ぶ。

ある日乗ったタクシーの運転手さんが語ってくれた。

「私の親や姉たちは大変信心深いんですが私は無神論者でした。ところが数年前、心筋梗《こう》塞《そく》をおこして九死に一生を得てから、人生観がガラリと変わりました。心筋梗塞によって機能を失ってしまった方向へ、働きの残っているほうの毛細血管がどんどん伸びてゆくんですね。映画の画面を見せるようにその映像を見せてもらって感動致しました。私は何もしていやしない。私の知らないところで、私の生命をいっしょうけんめい生かそうとしてくれている働きのあることをまのあたりに見せてもらって、頭をぶんなぐられた思いでした。〝誰の世話にもならん俺の力で生きている〟という高慢の鼻がへしおられました。母親が〝やっとわかってくれたか〟と喜んでくれましたよ」

この働きをいただいてすべての人は眠ることも目をさますこともできるのであり、そのお働きをいただいて、犬や猫も跳ぶことができ、一輪の花も咲くことができるのである。

その無限のお働きに対して、人々は母を呼ぶように名をつけて呼びたい、目に訴えて拝みたい、そんな願いを持ち、その願いを受けて世にお出まし下さったのが、たくさんの仏さま方である。人間が願って象徴的につくり出したものであるから、人間の姿を借りた。如来とお呼びする方は、男のお坊さまの姿を借り、菩薩とお呼びする方はインドの貴婦人の姿を借りて表現した。地蔵菩薩は僧形の方が多いけれど、観音菩薩、勢至《せいし》菩薩などみな冠や瓔珞《ようらく》をつけ、サリーを召しておられる。

インドを訪れたとき若い女性が美しくサリーを着こなして歩いておられる姿を見て、〝ああ、観音さまが歩いておられる〟と思ったことであった。サリーにはいく通りもの着方があり、たとえば白いサリーの最後を頭にかぶれば、白衣《びゃくえ》観音さながらということになる。

たった一つの名もなく形もなき存在の無限の働きに対して、さまざまなる姿と名前が与えられたまでのこと。自分のもっとも親しい角度からお名前をお呼びすればよい。たとえば病人は〝お薬師さま！〟というように。

一人の人間でもたくさんの名前を持っている。福井で医者を開業するかたわら全国を講演して歩いておられた米沢英雄先生が、あるときこんな話をされた。

「息子が来れば親爺《おやじ》に、孫が来ればじいちゃんに、家内が来れば夫に、親の前へ出れば息子に、患者が来れば医者に、病院へゆけば（糖尿病という持病を持っておられた）患者に、講演にゆけば講師にと、私だって名前をいっぱいいいただいている」と。

観自在――とらわれのない眼でものの真実を観る

「観自在《かんじざい》菩薩」の「観」、「観世音《かんぜおん》菩薩」の「観」について、天台智者大師《てんだいちしやだいし》は『観音玄義《かんのんげんぎ》』の中で「取相《しゆそう》を破《は》す」と註釈しておられるという。つまり「とらわれのない透明な眼で、すべてのものごとの真実の姿を、ありのままに観《み》る」ということであろう。〝人間のモノサシをはずし、仏のモノサシで見る〟といいかえることもできよう。

たとえば運動会の走り競争で、わが子、わが孫がスタート・ラインに立ったとする。親や親族の眼は、子や孫にしか注がれていないであろう。子や孫が友達を追い越したら、とびあがって喜ぶであろう。反対に友達がわが子や孫を追い越したらその友達が憎らしくさえなるであろう。わが子が友達を追い越したと同じように、わが子を追い越した友達に、喜びの拍手は決しておくれない。それが凡夫の私の眼であり姿である。絶対に平等には見られない。わが身かわいい思いが、身びいきの思いが、ものの姿をゆがめてしか受けとめられないのである。

とらわれがあるために、ものごとの真実の姿を見ることができない、そのとらわれの中身のもう一つは、自分の経験した角度、貧しいながらもすでに持っている知識というメガネを通してしか見ることができないということである。

化粧品会社にたのまれてお話に行った。自分の会社でつくっている化粧品を売ってくれている小売店の店主を集めての講演会で、「美しき人に」というテーマで話してくれという。

私は、アメリカの詩人、ホイトッマンの

女《おみな》あり　二人ゆく
若きはうるわし
老いたるは
なおうるわし

の詩を引用し、染めたり塗ったり、洗ったらはげてしまうような、コテサキの中途半端な話ではない。シワや白髪がなくて美しい、そんな話でもない。その人の毎日の生き方が、行為が、刻み出し、磨きあげてゆく人格のかがやき、中からにじみ出る美しさこそ大切であり、それがシワの一本一本、白髪の一本一本に光る、それがほんとうの美しさというものだ、という話を二時間ほどした。話が終わって質問の時間となり、数人が立ち、そのうちの二人までが、「先生は毎日どういうお手入れをしておられますか」という質問であった。私はガックリしながら、「お手入れを生涯の仕事としている人たちは、何としてもお手入れの角度からしか話は聞けないのだな」と気づかしてもらったことであった。AをAとは聞けず見られない私たちなのである。

一人の人のインタビュー記事を、多くの記者団に書かせた。インタビューの前に、記者団を半分に分け、一方には「今からインタビューする人は右翼系の人だ」と予備知識を与え、もう一方の記者団には「左翼系の人だ」と先入観を与え、実際にはどちらでもない一人の人のインタビュー記事を書かせた。結果は全く反対の記事をそれぞれが書いたという。それほどにわれわれはいつの間にか入った先入観、いつの間にかかけてしまった色メガネを通してしか、ものを見ることができない。

「唯識」に「非黄見黄《ひおうけんおう》」という言葉があるという。黄でないものを黄と見る、世にいう好きになればアバタもエクボとなり、一度気に入らなくなれば、エクボがアバタに見えてくるように、そのときの気分で変わり、経験や先入観というメガネを通してしか見られない私、決して真実の姿をありのままに見通すことのできない私、それが「観自在」の対極にある凡夫の眼である。観自在の眼とは、そういうさまざまなとらわれを去った眼、凡夫のメガネをはずした眼で、ものの真実を徹見する働きをいうのである。

観世音――心の深みの痛みやうめきを聞きとる大きな耳

「観音さま」の名前で親しまれている仏さまが、『般若心経』では少しいかめしい「観自在菩薩」の名で登場し、『法華経《ほけきょう》』では「観世音菩薩」の名前で登場される。原語のサンスクリットではアヴァローキテイシュヴァラ（Avalokiteśvara）とお呼びし、これを鳩摩羅什《くまらじゅう》は「観世音」と訳し、玄奘三蔵《げんじょうさんぞう》は「観自在」と訳した。

かつて鈴木格禅老師が「鳩摩羅什の訳はあったかいですな」とポツンとおっしゃった言葉

が忘れられないが、アヴァローキティシュヴァラを、鳩摩羅什は慈悲を表に出して「観世音」と訳し、玄奘三蔵は智慧《ちえ》を表に出して「観自在」と訳したといってもよいのではなかろうか。『般若心経』は仏の智慧をテーマとして説かれたものであるから「観自在」とお呼びするほうがふさわしく、『観音経』――詳しくは『観世音菩薩普門品《ふもんぼん》』――は、限りない仏の慈悲の働きを説いたものであるから「観世音」とお呼びするほうがいかにも親しい。

観世音、つまり世音を観ずる。私どもの、この世の生きとし生けるものの、悲しみや苦しみを、言葉にならない心の奥深みのうめきまでも、残りなく聞きとり、相手と全く一つになり、共に涙しつつ、しかもその涙を、悲しみを、よろこびの涙に変えて下さるお方だというのである。

何十年も前のことになるが、無量寺の参禅会員が私の還暦の祝いの会をして下さったときのこと。会員が一緒に食事をするということは初めてであったので自己紹介をすることになった。一人一人が立ちあがり、参禅会に来るようになったきっかけや、私との縁をてみじかに語っては座るのを聞いて、一つのことに気づいた。参禅会員の中の半分ぐらいは、堪えがたい人生の悲しみに導かれるようにして門をたたいた人々。語ってくれた中身のおおかたは忘れてしまったが、あまりにつらく悲しい内容であった場合は、よくおぼえている。そのいちばんつらく、いちばん悲しく、これだけは聞いてほしい、訴えないではおれない、叫ばないではおれない、というその一点には誰もふれず、二番、三番目ぐらいのことをサラッと語っているということに。

いちばんつらいことは、そう簡単に口には出せないのだな、人前で簡単に口に出せるのは、二番目、三番目の悩みなんだな、ということに。だからといって聞かないでよいのではない、気づかないでよいのではない。言葉にも出せない、反対に明るく道化《どうけ》た態度をとってか、あるいは反発や強がりの姿でしか表に出せない、心の深みにうずきつづける痛みや悲しみやつぶやき。それを聞きとる大きな耳こそが必要なんだな、ということに。

仏像の耳は不自然なほど大きくつくられている。人の心の悲しみを、言葉にも表せない痛みを、うめきをもらさずに聞きとり、心を安らかにして下さり、生きる勇気を与えて下さる、そういうお方を象徴的に表現したとき、大きな耳の仏さまになったのであろう。そのお働きの代表的なお方、それが観世音菩薩なのである。

この観音さまと正反対の言動をする人に出会うことがある。誰しもが心の深みに、そっとしておいてほしい痛みを持っている。それをことさらにあばき、白日のもとにさらし出し、しゃべりまくる人がいる。かたわらで聞いているだけで胸がキリキリと痛む。他人ごとではない。私はどうであったかとかえりみるとき、あのとき、このとき、と思い当たる節がある。懺悔《ざんげ》と祈りの思いで坂村真民先生の詩（『友への詩―この詩集を開いて下さる人々へ』大東出版社）を心に繰り返す。

かなしみを
あたためあって
歩いてゆこう。

三十三霊場とは観音の無限の働きを象徴したもの

補陀落《ふだらく》や岸うつ波は　み熊野《くまの》の　那智《なち》のお山に　ひびく瀧《たき》つ瀬《せ》

老尼がおりおりに唱えていた御詠歌《ごえいか》のメロディーが、草深い当時の無量寺のたたずまいと共に、今も脳裏にやきついている。八十年近くの歳月を超えた昔のことなのだが……。あらためていうまでもなく西国三十三番札所の第一、那智青岸渡寺《せいがんとじ》の御詠歌である。補陀落（Potalaka）というのはインドの言葉で、光明山または海鳥山などと訳され、インドの南端にある観音の霊場とされている。三十三観音にちなみ、日本でも西国三十三霊場をはじめ、坂東や秩父などが有名だが、地方でも信濃三十三番というようにたくさんある。

札所巡りをしてきたという人に、私はよくいう。

「三という数字は割り切れないでしょう。つまり無限大ということなのね。『観音経』には三十三身応化《おうけ》の観音さまの働きが説かれています。仏さまの姿をとったり長者の姿になったり、ときにはお坊さんの姿をしたり、在家の男の方の姿になったり、母の姿、妻の姿と変わり、子供には子供の姿、病人には同じ病人の姿となり、必要に応じては阿《あ》修羅《しゅら》の姿までも現じて、相手と一つになり相手を救って下さる。その観音さまのお働きを三十三身の観音という形で説かれたのですね。最後のほうに《普門示現《ふもんじげん》》という言葉が出てくるんですよ。

《普門》というのはあまねき門、つまりすべての上に、《示現》というのは姿を現すということなのね。《すべての上》というのは、それからこぼれおちるものなし、例外なしということでしょう。この世の一切のものが、一つ残らず観音さまの応化のお姿だというのです。

気に入った人だけが観音さまの応化身なのではないのですよ。気に入らない嫁も、気に入らない姑《しゅうとめ》も、観音さまがそういう姿で私の前に現れて下さったのだと、心から拝むことができたとき、三十三札所巡りをし得たときといえるのですよ。

犬も猫も、草も木も、鍋も釜も、机も座布団も、そこに観音さまのお働きを感得することができたとき、ほんとうの霊場巡りをすることができたときといえるのです。半分観光気分で、朱印帳をいっぱいにすることが巡礼ではないんですよ」と。

楊柳《ようりゅう》観音、白衣観音、滝見《たきみ》観音、魚籃《ぎょらん》観音、水月《すいげつ》観音、馬郎婦《めろうぶ》観音などたくさんあり、また親しまれている観音さまに十一面観音、如意輪《にょいりん》観音、千手観音、准胝《じゅんてい》観音、馬頭観音などがある。そういう観音さまがたくさんいらっしゃるのではなく、観音さまの無限の働きを、さまざまの形に表現したものと思えばよい。

夜、かすかな雨の音
風の音
これは　仏さまが
この人の世を

おあるきになる足音です
（『煩悩林』難波別院）

と詠んだ榎本栄一さんは、雨や風の音に仏さまのお姿や足音をお聞きしたのであろう。青木敬麿という方は、

一日に八万四千の煩悩あり八万四千のみ仏います

と歌っておられる。人間の煩悩の数だけ仏さまがその煩悩のお相手をするにふさわしい姿となってお出まし下さり、更には百人に百人の姿、千人に千人の姿となって親しく手をとり、安らかな世界、喜びの世界へと導いて下さるのが観音さまの慈悲のお働き、それを三十三観音とか、十一面千手などという形で象徴的に表現したものなのである。

墨染《すみぞめ》のわが衣手《ころもで》のゆたならばうき世の民を覆《おお》わましものを

と、幸うすき遊女たちの手をとって共に泣く良寛さま、放蕩《ほうとう》に身をもちくずした甥《おい》の馬之助

にどうしても意見ができず、たった一言「お前も淋《さみ》しかろうのう」とあふれる涙と共に語りかけられた良寛さまの姿こそ、観世音とお呼びするにふさわしい仏さまの、慈悲のお働きであろう。

道元禅師はこのありようを「同事」「同悲」という言葉で説いておられる（「菩提薩埵四《ぼだいさったし》摂法《しょうぼう》」）。相手と事を同じくする、全く一つになる（同事）、相手の悲しみをわが悲しみと受けとめる（同悲）というのである。

ここで一つ心しておきたいことは、この観世音菩薩とお呼びする方がどこかにおられて、私どもを見守り、救って下さると考えてはならないということである。道元禅師が同事、同悲の心と説かれているように、お互いがその働きを頂戴している、授かっている、その働きを今ここでどう発現してゆくかを問いかけられているんだといただかねば、教えは他人事となってしまうということである。

身心の空――一つが全体を背負い全体が一つを生かす――縁起

『般若心経』の中でもっとも多く出てくる文字が「無」と「空」と「不」の三字である。いずれも否定的な意味を持つ言葉であるが、単なる否定ではなく、われわれがおちいっているまちがった見方や考え方を否定し、解体して、すべてのもののほんとうのあり方に気づかせようとしたものである。

私は五歳から禅寺で育ち、お食事のとき出されたものはより好みなく全部いただかねばならない、残してはならないという生活習慣の中で育ち、その上食いしんぼうも加わり、いつどこへ行ってもいっしょうけんめい残さずいただいてしまう。そのため人格の重さではなく体重の重さばかり増え、その割に足が小さいため、よく転んで捻挫《ねんざ》をした。

ずいぶん前のことになるが、過労も手伝ってたてつづけに二度転び、両足を捻挫した上に、腰までひねってしまった。数日の間、寝返りもままならない思いを通してたくさんのことに気づかせていただいた。クシャミをしても足までひびく。アクビをしても腰までひびく。その痛みを通して、〝ああ、クシャミ一つ、アクビ一つ、体全部が総力をあげて手伝っていてくれたのだな〟ということに。健康なときは、クシャミやアクビは口でするものと思っていた。そうではなかった。一つ一つ、どんな小さな行為も、この体を構成している五十兆という細胞全体が総がかりで協力して、初めてできるのだなということに。これが「無」や「空」や「不」の心である。

私は、しばらく前まで12345という文字盤を、長短二つの針が巡り、毎日ネジを巻くという古風な懐中時計（修験道の先達であった祖父が愛用していた遺品。一五〇年程前の外国製品）を愛用していた。その長短二つの針をおさえるピンは百分の一センチの大きさだという。そんな小さな目に見えないお役、つまらないからご免こうむりたいと、百分の一センチのピンがストを起こしたら、時計全部が止まってしまう。百分の一センチのピンは時計全部の生命を双肩に背負って百分の一センチの配役を務めているのである。

一方、百分の一センチのピンがどんなにすこやかに動ける状態にあって動こうとしていても、時計を構成しているたくさんの部品の中のどれか一つが故障したら、百分の一センチのピンも動けない。つまり百分の一センチのピンがすこやかに動けるための背景には、時計を構成している他の部品が総力をあげて、それぞれの持ち場を十分に務めあげるという形での協力あって、初めて可能なのである。一つが全部の生命の存亡を担《にな》い、全部が一つの生命をあらしめている。このかかわりあいを、仏教の専門の言葉で、一即一切《いちそくいっさい》、一切即一《いっさいそくいち》といい、また「縁起《えんぎ》」ともいう。

　こういう存在の真実の姿に気がついていないわれわれは、この肉体の上でいえば、眼や鼻や口、手や足、あるいは肉体と心が、バラバラに存在し、独自に働いているような錯覚《さっかく》に陥《おちい》り、一つ一つにこだわる。時計なら一つ一つの機械が独立して存在しているような気がして、それにこだわり、つねに個々全体の密接なかかわりの中でのみ存在していることを見落としてしまう。

　そのまちがった見方への否定や、一つのものの存在の背景に全体があるということ、しかもその全体のもののかかわり方の違いで状態は変わりづめに変わってゆくのだということを「無」や「空」や「不」という否定の文字で表現しようとしたのである。

　『般若心経』の冒頭の一句、われわれは普通「観自在菩薩、深般若波羅蜜多を行ずる時」と読んでいるが、梵語の原本では「深般若波羅蜜多に住して」、又は「深般若波羅蜜多において」の訳のほうが、原意に近いとされているようだ。

　「最初から天地総力をあげてのお働き（深般若波羅蜜多）を頂戴し、その只中に起き臥しさせていただいている」と、この御文章はいただくべきであろう。

次に「行ずる時」の「時」であるが、これも特別の「時」ではなく、「いついかなるときも」という意味である。

次に「五蘊皆空なりと照見して、一切の苦厄を度したもう」とあり、「五蘊皆空《ごおんかいくう》」と「色即是空《しきそくぜくう》」が登場する。五蘊というのは色《しき》・受《じゅ》・想《そう》・行《ぎょう》・識《しき》の五つの働き。ここでいう色は肉体のことであるが、「色即是空」といった場合の色は、この天地間の姿・形を持ったもの、つまり現象界を意味する。受想行識は精神作用、したがって五蘊は私のこの身心のことである。蘊《おん》というのはサンスクリットではスカンダ（skandha）といい、働きながら寄り集まっているという意味を持っている。要するに私という一人の人間を今ひとときあらしめるためには、五十兆の細胞がそれぞれの配役を十分に務めながら一体となって動くことによって初めて可能なのだということを、「五蘊皆空」または「色即是空」という言葉で語っているのである。

『般若心経』の解題のところで、「摩訶は大なり、身無きをいう」といい、「般若は何もなき所より出る智慧をいう」と示された至道無難禅師の言葉を紹介した。「身無き」といい、「何もなき」という、つまり限定されない天地いっぱいのところよりのお働き、それをここでは「観自在菩薩が深般若波羅蜜多を行ずる時」といいなおされたのである。

「五蘊皆空なりと照見して、一切の苦厄を度したもう」を、奈良康明先生は「ひろやかなものの見方をすれば、苦を転ずることができる」と、まことにわかりやすく、サラリとおっしゃっておられる。

われわれはひろやかな見方ができない。業の延長線上の見方しかできない。しかもそのことに気づかず、自分の見方が間違いないと執し、違った見方をする他人を責めたり、訂正させようとしたりする。

小学校四年生の詩に「運動場」という詩がある。

「せまいな、せまいな」といって
みんな遊んでいる
朝会のときに石をひろわされた
「広いな、広いな」と思ってひろった。

一人の人間でさえも、その時の都合で、同じものが広く感じたり、せまく感じたり。この詩のもう一つの見所は、そういう自分に気づく醒めた眼を持っていることであるが。

まして人が違えば、人生経験からおかれている立場まですべてが違い、その角度からしかものを見ることも考えることもできないから、十人十色、皆違った見方、感じ方をしていて当たり前なのである。

経典に「一水四見《いっすいしけん》」という話が伝えられている。一つの水を四つに見るというのである。天人は瓔珞《ようらく》と見、人間は水と見、餓鬼は膿血《のうけつ》と見、魚は自分の住み家と見るというのである。沢木興道老師はよく「人間でないほうから人間を見なおしてみなければ、本当のところは分からない」とおっしゃったが、まさにそこのところをいうのであろう。宇宙から見たらどうであろう、神や仏が見たらどうであろう、と。

「空」について、もう一つ考えておきたい。「空」は梵語でシューニヤーといい、「からっぽ」という意味を持っているという。

ある禅師のところへ一人の人が人生相談に行った。禅師はまずお茶を一杯すすめられ、いろいろと話されたが、人生相談に行った人は自分の思いで頭の中がいっぱいになっていて何も聞けていない。その様子を見てとった禅師は「そのお茶を飲みほせ！」と一喝されたという。つまりカラッポになって聞けというのである。茶碗もカラッポでなければお茶も御飯も入らない。道元禅師も善知識の話を聞くときは「旧見を捨てよ」とおっしゃった。カラッポになって聞けというのである。

われわれがよく使う言葉に「この世界に処すること虚空の如く」とか、「環中虚」という言葉がある。虚空は何もないから美しい雲も荒れ狂う雲も、すべてをつつみ、自在に遊化させている。仏というモノサシが入れば鬼がはみ出る。はみ出るものがある限り大きいとはいえず、虚とはいえない。

「環中虚」という言葉は余語翠巌老師が好んで揮毫された言葉であったが、中国の「荘子」の中に出てくる言葉である。開き戸を開閉する軸となる枢《とぼそ》はカラッポでなかったら自由な動きはできない。

人間はこうはいかない。まず「私」が入る。私の見方、考え方、せまい経験、私にとって都合がいいか悪いか……等々からしか見れない。せめてそういう見方しかできない自分に気づく、もう一人の私の眼を育てたいものだが。

次に出てくる「度一切苦厄」――一切の苦厄を度したもう――の一句は梵語の原典にはなく、玄奘三蔵が飜訳のときに入れたのであろうといわれている。

「ものの見方を変えれば、苦は苦でなくなる」――照見五蘊皆空。度一切苦厄――の一句、私は順序を変えて読んでみた。

苦に導かれてアンテナが立ち、教えに出会い、教えに照らされ導かれ（照）ることにより天地宇宙の真理（五蘊皆空）に目覚め、気づくことができ（見）、苦を歓びと転ずる（度）ことができた、此岸から彼岸に渡ることができた、と読んでみたが、どうであろう。

第三章　天地いっぱいに生かされている

舍利子。色不異空。空不異色。
色即是空。空即是色。
受想行識。亦復如是。

舎利子よ、色は空に異ならず、空は色に異ならず、
色は即ち是れ空、空は即ち是れ色、
受想行識も亦また是の如し。

一輪の花の背景に天地いっぱいの働きがある

舎利弗尊者《しゃりほつそんじゃ》の名は『般若心経』の中では二度登場する。お釈迦さまの十大弟子の中で智慧第一と呼ばれた舎利弗は、中インドの旧マカダ国、ナーランダ村出身。バラモンの家に生まれ、出家してサンジャヤ（懐疑派）の一方のリーダーとなり、大勢の弟子を持っていた。しかし自分の奉ずる教えに満足できず、親しくしていた目連《もくれん》と、素晴らしい教えを説く人に出会ったら行こうじゃないかと語りあっていた。

ある日、お釈迦さまの最初の弟子である五比丘の中の一人、アッサジが托鉢をしている姿に出会う。智慧第一といわれるだけあって、舎利弗の眼はするどい。アッサジの托鉢の姿を見ただけで「この人の師匠が素晴らしい」と見抜き、托鉢の終るのを待って質ねる。「あなたの師匠は誰で、何をお説きになりますか」と。アッサジはお釈迦さまの弟子になって日が浅いので、わずかにしか答えられないことをことわりつつ、一言、「わたしの師、仏陀釈迦牟尼《むに》は、すべてのことは縁によって起こり、縁によって滅びる、と説きます」と答える。

この一言で舎利弗はその教えが、なみならぬものであることを見通す。ほとんどの教えは天地創造の神をつくる。キリスト教のいう神、イスラムではアラーの神、インドでは梵天というように。ところがそれを立てない。すべてが因と縁による相互関係によって存在するという。

ただちに舎利弗は目連と語らってお釈迦さまのもとに入門。多くの弟子たちも共に入門したので、初期仏教教団を形成したのは、この舎利弗、目連によるといってよい。

まずは「色即是空」とある。この「色即是空」の心を詠じたものとして紹介される句に、

骸骨の上よそおうて花見かな

という上島鬼貫の句がある。摂津出身の江戸中期の俳人である。

美しく咲き誇った桜や、よそおいをこらした妙齢の娘さんを、何も裸にして骸骨とか散る花といわなくても、それはそれとして賞《め》でたのしんでいけばいいと思う。しかし酔っぱらってはいけない。醒めて、咲くもひとときの位、散るもひとときの位と味わっていきたいものだが。つまりそこにあらわれた姿だけにとらわれてはならない。時間的には今の姿は今一瞬

の姿であり、空間的には天地いっぱいの働きをいただいているんだぞ、今、眼前に現われている姿が、固定して単独で存在しているものと固執してはならないぞ、ということを、この句は語ろうとしているといただきたい。それが、色即是空の心でもあるといえよう。

それに対して「空即是色」の心を詠じたものとしてよく紹介されるものに、

舎利子見よ　空即是色　花ざかり

という、小笠原長生という人の句がある。

〝舎利弗さんよ、見てごらんなさい。天地いっぱいのお働きをいただいて、桜がひとときの命を精いっぱいに咲かせていますよ〟というのである。天地いっぱいの働きをいただいて、露草が露の間の命をきらめかせ、天地いっぱいのお働きをいただいて蟬が夏を讃歌し、犬や猫も走ることができるというのである。

わが願望《がんもう》小さしとも小さくなりたりなただ楽楽と呼吸《いき》をさせ給へ

これは打ち重なる大病の中で詠《よ》んだ歌人吉野秀雄の、晩年の歌である。ある夏、風邪をこじらせて肺炎になり、熱やら咳《せき》やらで呼吸困難がいく日も続いた。そのときこの吉野秀雄の歌を思い出し、「ひと息の呼吸ができるということも授かりであったな」と気づかせていただくことができた。眠っている間も自然に呼吸ができるということは、大変なことであったな、としみじみ思ったことである。

ティク・ナット・ハンというヴェトナムのお坊さんは、この「空即是色」の心を、次のように説いている。

「もしあなたが詩人なら、この一枚の紙の中に雲を見るでしょう。雲なしに雨はありません。雨なしに樹が育つことができません。樹がなくては紙ができません。

もしあなたが詩人なら、この一枚の紙の中に太陽の光を見ることができます。太陽の光がなければ森が育つことができません。

さらに見続けるならば、樹を切って木工場に運んで行った樵《きこり》を見ることができます。紙の中に小麦が見えます。毎日のパンなしに、樵が存在することはできませんから。樵の父母もこの紙の中にあります。父母がなければ樵は生まれてきませんから。

いっさいのものが、この一枚の紙と共存しています。存在するということは、相互存在することです。

雲、太陽、樹、樵等というような《紙でない要素》を除いて、紙はありません。これほど薄いものなのに、紙はその中に、宇宙のすべてのものを含んでいるのです――大要――」

一枚の紙――固定した形を持った存在を色と呼ぶ――を紙として存在せしめる背景に、宇宙のすべてのものが相互にかかわりあいながらの働き――これを縁起といい、また空と呼ぶ――があるというのである。

科学者に聴く空即是色の心

一つの命の存在の背景に、一つのものの存在の背景に、宇宙の一切のものが、みごとな調和のもとにかかわりあいながらの働きがあることを、仏教では縁によって起こる、つまり「縁起」という言葉で表現する。また相互依存であるがゆえに、条件によって刻々に変わりつづけるものであるがゆえに、変わらない実体などというものはないのだよ、ということを『般若心経』では、空とか無という否定的な言葉で語ろうとしている。

〝健康で、いつまでも若くありたい〟〝愛は永遠なれ〟〝死にたくない〟……。誰しもの願いであろうけれど、それは無理な注文だよというのである。ただし、病気が快復して健康な体となり、憎しみは愛の裏返しだから、もとの愛にもどることもできるのだよ、動かないものとして考えずに、柔軟に流動的に対応してゆきなさい、というのが、色即是空、空即是色の心といえよう。

この空の心を、先にはヴェトナムのお坊さんに聞いてみたが、今度は科学者に聞いてみよう。毎年八月末には二百名余りの方々が参加しての禅の集いを開催している。十何年か前、この集いに、岡山大学の名誉教授・水原舜爾《しゅんじ》先生をお迎えし、「科学をつつむ仏教」という題で、次のようなお話をうかがった。

この地球上に存在する生命あるものの配役を分類すると、いちばん底辺に微生物がいて、動物や植物が出すゴミを分解して土に変える、いわゆる清掃係をつとめてくれる。微生物の働きがなかったら、地上はたちまちゴミの山になり、動物も植物も存在できなくなるであろう。その微生物が整えてくれた土壌に植物が繁茂する。植物は生産者だという。この植物をいただいて動物が、植物と動物の両方の生命をいただいて、人間の存在が初めて可能になる。この動物と人間は消費者だという。

この四者が緊密にかかわりあいながら相互依存している生態ピラミッドを、地球上でやすらかに存在しつづけさせるための、地球環境はどうなっているか。まずは地球と太陽を結ぶ距離が一億五千万キロ、この距離が近くもならず遠くもならずバランスを保っていてくれるお蔭で、われわれは地球の表面に生命安らかに存在することができる。地球より太陽に近い金星は表面温度が摂氏五〇〇度。灼熱の星で、とても生命は存在できない。逆に地球より遠い火星は、温度が下がりすぎて、すべて液体は氷の状態になってしまい、やはり生命の存在は不可能だという。

一億五千万キロというちょうどよい距離にあっても、直接太陽光線が当たるとたちまち摂氏一四〇度に上がり、ひとたび太陽が沈むとマイナス一四〇度に下がってしまい、やはり生命の存在は不可能となる。それを調整してくれているのが大気の働きだという。大気が二〇キロの厚さで地球を包んで温度調節をしてくれるお蔭で、われわれは地球上に生きつづけることができる。

更には、太陽と地球を結ぶ引力のバランスを保ちつづけることができる背景には、火星や木星や金星など、太陽系惑星相互の引力のバランスがあり、太陽系惑星相互の引力のバランスの背景には、他の銀河系星雲たちとの引力のバランスがあるという。

何ということもなく「天地いっぱいの働きに生かされて」とか、「お蔭さまで」という言葉を使っているが、科学者により理論的説明をしていただくと、なるほどと納得ができる。私が今この一瞬を安らかに過ごせることの背景には、微生物、植物、動物、人間、すべての力と、太陽系惑星から銀河系星雲に至るまでのもの、文字通り宇宙総がかりの協力があるのだというのである。

米沢英雄先生が、「吹けば飛ぶようなこのちっちゃな生命を、天地いっぱい、宇宙いっぱいが総がかりで生かしてくれている。天地いっぱい、宇宙いっぱいと匹敵するほどの価値ある生命であることを自覚せねばならない」と語っておられるが、それが「天上天下《てんじょうてんげ》唯我独《ゆいがどく》尊《そん》」という釈尊御誕生のおりの言葉でもあろうし、「空即是色」の『般若心経』の心でもあるのである。

第四章　今このままをいただく

舍利子。是諸法空相。
不生不滅。不垢不浄。不増不減。

舍利子よ、是の諸法の空相は、
不生にして不滅、不垢にして不浄、不増にして不減なり。

不生不滅の生命を生死する

毎年八月末、二百人余りの参加者を迎えて、二泊三日の禅の集いを修行する。ずいぶん前のことになるが、参加者の水の使い方があまりにひどいので注意をした。

「一滴の水が今私の手にすくわれるまでには長い長い旅がある。大地から海から、あちこちから陽炎《かげろう》のように立ちのぼった蒸気が、やがて雲となり、雨となってこの地上にもどり、草木を育て、大地をうるおし、やがて清水となって湧き出し、細い一筋の流れとなり、渓流となり、大河となり、その一部が上水道を経て、今私の洗面器に、または台所にとほとばしり出てくれることにより、一滴の水と出合うことができ、また私の手にすくうことができた。その水をろくに生かしても使わず、無駄にただ通過させて下水に流れ去らせてしまうことのないよう。道元禅師も〝一滴の水を私の命と思え〟と示しておられるが、一滴一滴を私自身と受けとめ、大切にしてゆこうじゃないか」と。

老人性結核のため安泰寺を隠退され、たまたま大垣で静養しておられた内山興正《こうしょう》老師をお訪ねし、禅の集いの報告かたがた、この水の話を申し上げた。老師は、

「青山さんね。《一滴の水をわが命と思って大切にする》という話は悪くはないが、それしか見えないというのではまだ半分だね。天地いっぱいの水を手桶《ておけ》に汲《く》みとり、それをたとえば大地にばらまいたとしても、水がなくなってしまったのではなく、天地いっぱいにもどっただけ。不生不滅の生命を生滅しているのだというところを見据《みす》えていないといけない」とおっしゃり、「生死」と題する内山老師の詩を紹介して下さった。

手桶の水を汲むことによって
水が生じたのではない
天地一杯の水が
手桶に汲みとられたのだ
手桶の水を　大地に撒いてしまったからといって
水が無くなったのではない
天地一杯の水が天地一杯のなかにばら撒かれたのだ
人は生まれることによって　生命を生じたのではない
天地一杯の生命が私という思い固めのなかに汲みとられたのである

人は死ぬことによって、生命が無くなるのではない
天地一杯の生命が私という思い固めから
天地一杯のなかにばら撒かれたのだ

（内山興正『生死を生きる』柏樹社）

「天地いっぱい」という言葉を聞くと、われわれはこの体がムクムクと風船玉みたいにふくれあがるのかしらんというような錯覚におちいりがちだが、そうではない。老師は更に、「天地いっぱいというのはわれわれの思い以上の力ということであり、それが生命の実物であり、そこに帰るのを帰命《きみよう》といい、南無《なむ》という」と付け加えられた。

この「不生不滅の生命を生死する」という水にたとえてのお話の真意を、どうやら私なりに消化させていただくのに、ずいぶんの年月を要したことであった。

それからしばらくしてであったかと思う。ＮＨＫの「心の時代」という番組で内山老師と対談をさせていただいた。「老いても老いず、死んでも死なず」というテーマで。いうまでもなく私が聞き手として。

この「生死」の詩の紹介のあと、やおら卓上に電熱器が持ち出され、その上に湯の入った透明なカップがのせられた。スイッチが入り、湯が沸騰してきたところでティーバッグを入

れ蓋《ふた》をした。バッグの中の紅茶がジワジワとバッグの外の湯の中へしみ出してくるのがよくわかる。老師はおっしゃった。

「このティーバッグの中の紅茶とその外という点からだけ見ていると、生滅あり、増減ありですけれど、このカップの中を天地と考えれば、そのカップの中の水そのもの、あるいはそこに出入りしている紅茶の全体としての量そのものには、生滅も増減もない。不生不滅、不増不減の生命が、生滅し、増減している、ということはこういうことなんです」

この対談を視聴した方に「あのときの紅茶、あとで召しあがりましたか?」と質《たず》ねられ、しまった、ご馳走になってくるんだった、と思ったことと共に、老師のそのときの言葉や光景が、今も脳裏にやきついている。

変わりつつ永遠の生命を生きる

まど・みちおさんの詩に「水はうたいます」と題する詩がある。

水は　うたいます
川を　はしりながら
海になる日の　びょうびょうを
海だった日の　びょうびょうを
雲になる日の　ゆうゆうを
雲だった日の　ゆうゆうを
雨になる日の　ざんざかを
雨だった日の　ざんざかを
虹になる日の　やっほーを
虹だった日の　やっほーを
雪や氷になる日の　こんこんこんこんを
雪や氷だった日の　こんこんこんこんを
水は　うたいます
川を　はしりながら
川であるいまの　どんどこを

水である自分の　えいえんを

（『まど・みちお詩集「宇宙のうた」』銀河社）

一つの水が条件によって、液体となり気体となり固体となる。同じ液体でも、川や海の姿と変わるときもあれば雨の姿をとるときもある。同じ気体の姿をいただいても、雲や虹となって空を彩《いろど》る日もあれば、川霧となって山裾を這《は》いあがる日もある。一転して雪や氷という固体の姿となって山野をおおう日もある。

雲や雪という一つの形をいただくと、始めがあり終わりがある。しかし無くなってしまったのではなく、水の生命に帰っただけ、水という永遠の生命を、今は雲という姿をいただいて生き、明日は雪という姿と変わって生きるというだけのこと。

道元禅師はこれを「生も一時の位、死も一時の位」とおっしゃり、西田幾多郎さんは「不連続の連続」という言葉で表現された。

不生不滅、不増不減の仏の生命を、縁に従って、今私は、私という姿をいただいた。具体的な「私」という一個の人間の姿をいただけば、おのずから生老病死がある。どのような状態であろうと、不生不滅の仏の生命を生老病死していることに変わりはない。

そこで、まど・みちおさんの詩をもう一度眺めてみよう。水がさまざまに変化しながら天

地を遍歴している姿を、過去形、未来形と織りまぜて歌った後、

水は　うたいます
川を　はしりながら
川であるいまの　どんどこを
水である自分の　えいえんを

の言葉で結んでいる。

永遠の、不生不滅の水の生命の、今は川という姿をいただいているのだから、その川である今のどんどこに全力を尽くして生きる、そのことが水である永遠の生命を生きることになるのだという。

不生不滅の仏の生命を、今私は青山俊董という姿をいただき、ときに原稿を書いたり話をする配役をいただいたら、そのことに徹する、それがそのまま永遠の生命を生きることになるのだという。病気になったら病気という今を、老いの日には老いの日をつとめあげること、それが「生も一時の位、死も一時の位」として、永遠の生命を生ききる生き方なのだという。

先日、瀬戸の陶芸家で織部焼の伝承者として知られている加藤錦三先生が、みごとに窯変した茶碗を土産に持って来られ、こんな話をされた。錦三先生は加藤唐九郎さんの弟子で、唐九郎さんの最後を看取った方である。九十歳を迎えられたと思うが、元気で作陶をつづけておられる。

「瀬戸に一軒だけ備長炭でウナギを焼いている店があるんですよ。陶芸家にとっては灰が大事ですからね。それで私はこの灰を特約しているんですよ。

一つの茶碗を焼くために窯の温度を千度にあげる。十時間かけて千度にあげても茶碗は焼けます。〝焼けた〟というだけです。二十時間、三十時間という長い時間をかけて千度にあげてゆくと、その間に釉薬が美しく窯変します。私の生涯でこんなに美しく窯変した茶碗はそうできないと思います」

と語り、一つのお茶碗を下さった。私はこの錦三先生の話を道元禅師が『正法眼蔵』「現成公案」の中で語っておられる生命論ともいうべき一節と重ねあわせながら聞いた。

「たき木、はひとなる、さらにかへりてたき木となるべきにあらず。しかあるを、灰はのち、薪はさきと見取すべからず。しるべし、薪は薪の法位に住して、さきありのちあり、前後ありといへども、前後際断せり。灰は灰の法位にありて、のちありさきあり」

道元禅師は薪と灰だけをとりあげておられるが、私はこれに錦三先生の話を織りまぜて、構成しなおしてみた。

備長炭というのは元禄の頃、紀伊国、田辺の備中屋長左衛門が、和歌山特産の姥目樫を焼いて売り出したのでこの名がある。金属を思わせるような固い炭である。そこで「たき木、はひとなる」の道元禅師の御文章に習い、

「姥目樫が備長炭となり、やがて灰となり、この灰が陶芸家に釉薬として珍重され、長い時間をかけて温度をあげて焼くという縁によって美しく窯変する」

と書きあらためてみた。「薪は薪の法位、灰は灰の法位に住して先あり後ありといえども、前後際断せり」と道元禅師はおっしゃる。姥目樫、炭、灰、釉薬、そこへいろいろな縁が加わって更に全く違った姿へと展開していく。

ここで注目しておきたいことの一つは、全く違ったものに変わりつつ、しかも一貫して相続しているものがあるということ。姥目樫という固い材木が、備長炭という固い優れた炭になり、すぐれた灰になり、時間をかけて焼きあげるという縁をいただいて美しく窯変する。

先にあげたまど・みちおさんの詩においての水について考えてみよう。液体となり気体となり固体となり……と変化するのであるが、もしその液体が汚染していたら、雪や氷と変じ

てもやはり汚染した雪や氷となり、溶けて液体にもどっても汚染したままとなる。仏法ではこれを業報相続と呼ぶ。ここに毎日の今ここの生きざまを、一歩でも半歩でも深く清く高く生きようとする意味もあり、相続するものがあればこそ、後の者の追善供養の意味もあるといえよう。

まど・みちおさんが、詩の最後を〝川である今のどんどこに生命をかけることが、そのまま永遠の生命を生きることになる〟と結ばれたように。道元禅師は「遇一行修一行」——一行に遇うて一行を修す——の一句でこの項を結んでおられる。

人間のモノサシをはずす——不垢不浄の世界

癌《がん》に移行するおそれがあるから、ただちに手術を、と宣告され、開腹手術を受けたことがある。三十代後半のこと。術後なかなかお通じがなく、そのため熱も下がらず、辛い数日を過ごした。自分の力でなるべく排泄するように、というので、何度も便器を当てていただき、全身汗だくになってがんばってみるのだが、とんと音沙汰《おとさた》がない。便器に当たっているお尻と傷口が痛むばかり。そんなことの繰り返しのはてに、ようやく出すことができた。大小便ともに。それもたくさんに。

疲れはててしばらくベルも押せず、少し呼吸が治まってから、看護師さんを呼ぶベルを押した。たまたま忙しい時間であったのであろう。なかなか来てくれない。自分で出した自分の排泄物の上に自分で始末もできず、その悪臭に辟易《へきえき》しながら待つことしばし。「待たせてごめんなさい」の声と共に看護師さんが来て下さり、「よかったですね。たくさん出て。これで楽になりますよ」と、やさしく語りかけながら、お尻をきれいに拭いて下さり汚物の入った便器を、宝物を捧げるようにして出ていかれた。自分の中から出した当の本人でさえやりきれない思いでいる汚物を、ニコニコと大切に捧げ持っていった看護師さんの姿を、まぶしい思いで見つめ、合掌し、わが身を恥じた。おそらくあの姿は、私の生涯を通して心の中から消えることはなかろう。

私の育った頃の無量寺のお便所は、大小便ともに、大きく作られた便壺《べんつぼ》の中に貯えられ、上からも中が見渡せたものである。夏などは蛆虫《うじむし》がウヨウヨしていたことをおぼえている。人間が限りなく汚ないと思っている便壺の中が、彼らにとっては黄金の楽土なのである。

その大小便を畑作の肥料としてやるべく、師匠と共にしばしば肥桶《こえおけ》をかついだ。台所や庭掃除などから出た生ゴミを積んで腐らせた堆肥《たいひ》などと共に、最高の有機肥料であり、化学肥料によって栽培されたものと違って、できた野菜の味も一段とおいしい。

人間の体内にあって働いているうちは浄であって、ひとたび人間の体内での役目を果たして外へ出ると不浄となり、その不浄のものが肥料として吸収されて野菜や果物の姿に変わると浄となる。人間の身勝手な浄不浄、垢不垢《くふく》のモノサシをはずしてみれば、ただ一筋のみごとな天地の働きがあるのみである。

「不垢不浄」ということで、もう一つ学んでおきたいことがある。

中国に禅を伝えた達摩大師より五代目の大満弘忍禅師が、あるとき、会下の修行僧たちに各々思うところを述べよ、とおっしゃった。第一座の神秀上座がまず書いて出した。

身是菩提樹　　身は是れ菩提樹
心如明鏡臺　　心は明鏡臺の如し
時時勤払拭　　時々に勤めて払拭せよ
莫使惹塵埃　　塵埃を惹かしむることなかれ

〝心は明らかな鏡のようなものだ。心して塵埃をつけてはならんぞ〟というのである。弘忍禅師はこれを視て「これをしていると間違いないよ」といわれ、修行僧たちはこれを諳んじていた。半年ほど前に入門してまだ正式な得度もしていない慧能《えのう》さんは、「米つき」という配役をいただき、毎日お米を搗いていた。神秀上座のこの偈のことが慧能さんの耳にも入った。慧能さんは「私も思うことがある」というので書き出したのが次の偈である。

菩提本無樹　　菩提本樹にあらず
明鏡亦非臺　　明鏡亦臺にあらず
本来無一物　　本来無一物
何処惹塵埃　　いずれの処にか塵埃を惹かん

要するに神秀上座の偈を全部否定した形になっている。この話は『六祖壇経』に出てくる話で、結局、法は五祖弘忍禅師から慧能和尚に相続され、六祖大鑑慧能となるのであるが。

神秀上座の偈は〝鏡のようなこの身心を塵埃で汚さないように精進せよ〟というので、非常にわかりよい話ではあるが、道徳律の範疇を出ない話である。それに対し慧能和尚のは

「いずれの処にか塵埃あらん」と、塵埃として嫌うものは一つもない、徹底全仏性の世界をうたいあげていることになる。宗教のめざす世界はそういうところであろう。「不垢不浄」の言葉が語ろうとしている世界は、はらうべき何ものもない徹底全仏性の世界なのである。『従容録《しょうようろく》』という禅の語録の中に「異中来也還《いちゅうらいやかえ》って明鑑《めいかん》」という言葉がある。牛や猫など、人間以外の世界からやって来たから、かえってよくわかる、というほどの意味であろう。夏目漱石の小説『吾輩は猫である』も人間の枠内だけにとどまっていたら、人間さえ見えないのであって、人間の外から人間を見て初めて人間の姿も、天地の姿も見えてくるということではなかろうか。

先日、御夫婦間がうまくいかなくなったことの人生相談がきた。たまたま私の膝の上に迷い子のかわいい子猫が眠っていた。寺には別の猫がいるので、ふと「この猫、飼ってくれませんか？」と質ねたら、その気になってつれ帰ってくれた。この猫が仲立ちになって夫婦の会話がもどり、仲なおりしたと礼に来られた。施設などでも犬や猫の慰問が喜ばれているという。

笑ってすごせることではない。間違いないと思ってふりまわしている人間の寸法に逆にしばられ、疲れはてた心が、人間の寸法以外のところで、天地のはからいのままに、無心に生きている動物たちによって癒されているという現状を見すえねばならない。

禅では「朕兆已前《ちんちょういぜん》」とか「父母未生以前《ぶもみしょういぜん》」という言葉をよく用いるが、「人間の寸法をはずしてみよ」ということではなかろうか。良寛さまが「人間の是非、一夢の中」と詠じておられるのもその心であろう。

第五章　みんな違った世界を生きている

是故空中無色。無受想行識。
無眼耳鼻舌身意。無色声香味触法。
無眼界。乃至無意識界。

是の故に空中には色も無く、受想行識も無く、
眼耳鼻舌身意も無く、色声香味触法も無く、
眼界も無く、乃至意識界も無し。

六根の私と六境の相手とそれを認識する働きと

「サンゲ、サンゲ、ロッコンショウジョウ」よく透《とお》る鍛えられた先達《せんだつ》の声に続いて、登山者一同が「サンゲ、サンゲ」と唱えあげながら、一歩一歩頂上をめざす。その声が澄んだ空に、しずかな山や谷にこだまする。その声を聞きながら、七歳の私は、小犬のようにコロコロと、蝶のようにヒラヒラと、ときには先達よりも更に先を、楽しく登ったことをおぼえている。途中で疲れてしまうであろう、そのとき交替でオンブしようと、おぶい紐《ひも》を持って登山に参加した姉や兄の心配をよそに、私は終始全く疲れを知らず、舞うように二泊三日の御《お》嶽《たけ》登山を終え、帰ったその足で隣りのミヨチャンのお家へ遊びにいってしまった。同行した仙宗尼は疲れて立ち座りもままならないというのに。そんな私を見て講中の方は、「亡くなったお祖父さまやお父さまがオンブして下さっているんだわなも」と、口々に語りあっていた……。

祖母と父は、私の七歳の春、二ヵ月違いであいついで身罷《みまか》り、大先達であった祖父の遺徳の故か共に霊神場に祀られたというので、遺子三人が、講中の方にともなわれて御嶽登山をしたというわけである。意味はわからないままに、「ロッコンショウジョウ」の言葉と、それを唱える白装束《しろしょうぞく》の敬虔《けいけん》な先達や講中の方々の姿は、幼い私の心に深く刻みこまれ、今も昨日のことのように思い浮かべることができる。

サンゲは懺悔、ロッコンショウジョウは六根清浄で、眼《げん》・耳《に》・鼻《び》・舌《ぜつ》・身《しん》・意《い》の六根、つまり私のこの身心《しんじん》にいつのまにか積み重ねてきた垢《あか》を懺悔し、洗い浄《きよ》め、清浄になってお山に登らせていただきましょう、という誓願の叫びだったのである。

山を征服するとか、山に遊びにゆく、などという登山の仕方とは全く次元を異にする古来の日本の登山のあり方のすばらしさを、そして日本の山々のほとんどはそういう修験道《しゅげんどう》の先達の方々により、深い宗教的祈りと行《ぎょう》の中で開かれたものであることを、あらためて認識しておきたい。

『般若心経』では「無眼耳鼻舌身意《むげんにびぜつしんに》、無色声香味触法《むしきしょうこうみそくほう》、無眼界乃至無意識界《むげんかいないしむいしきかい》」と続く。眼耳鼻舌身が五根で肉体、意が心、あわせて六根が私たちの身心ということになる。この私という主体の相手となる客体が、六境《ろっきょう》すなわち色声香味触法である。

眼の相手となるのが色《しき》、つまり眼に見える姿形を持ったもの、耳の相手となるものは音声、鼻の相手は香り、舌の相手が味、触は体の対象となるもの、法は迷ったり悟ったり一つの思想の形をとったりする、いわゆる心の対象になるものをいう。

主体である六根が客体である六境をつかまえると、そこに認識が生まれる。これを六識《ろくしき》といい、『般若心経』では「無眼界乃至無意識界」と、眼界と意識界の二つを代表としてあげて、あとは略している。この六根と六境を十二処《じゅうにしょ》と呼び、六識を加えて十八界《じゅうはっかい》と呼んでいる。

この六根、六境、六識の三者十八界が一つにかかわりあって、初めて一つの世界が成り立つ。人それぞれ持っている十八界の状態が違うから、同じ一つのものに対しながらも全く違った世界を見たり聞いたり、対応したりしていることになる。しかもその違いになかなか気づくことができないところに問題がある。

同じ時空にありながら違った世界を生きている

昔からよくいわれることわざに「馬の耳に念仏」という言葉がある。そのことに興味や関心がなければ、同じ場所にあっても、聞こえもしなければ、見えもしないのである。

たとえば私は花が好きだから、私の住む山里のどこの家の庭や田の土手に、いつ頃どんな花が咲くかまでよく知っている。海外への旅でも気がついてみると、その土地のめずらしい花に呼びよせられるように自然に足が向き、見つめ、花と語っている。花を生ける。花の声がきこえるから、その声にしたがって生けさえすれば花は自然におさまる。そのかわり関心のない煙草《たばこ》などは、目の前にある煙草屋の看板さえ目に入って来ない。そういうものである。

六根の一つである眼根《げんこん》が、対象である六境の色であるところの花と対していても、その花への認識が加わらないと、そこに一つの世界は成立しない。この眼が花を見ていれば、すべての人の上に等しく同じ世界が展開するかといえば、そうではないのである。花を愛するという、花への関心が深いという認識作用が加わり、六根、六境、六識の三者が一つにならないと、一つの世界は成立しない。

愛煙家はわが村や町の煙草屋のありかを、くまなく知っているであろう。その同じ人が花への関心がないと、たとえば床の間にみごとな花が生けられてあっても、全く見えていない。あとで「今日の床の間の花、みごとでしたね」と語りかけると、「そんなもの、あったか?」といった顔をする。同じ空間と時間に共にありながら、全く違った世界を生きていることになる。

「自然は気づく者には雄弁だが、気づかない者には姿さえ見せない」

曹洞宗宗務庁から出版している『禅の風』誌上で、尼僧堂を特集すべく取材でやって来られた野々村馨氏の言葉である。露堂々に姿を見せ、又語りづめに語っているのであるが、それを聞いたり見たりする眼や耳のないものには、何も見えもしなければ聞こえてもこないのである。

太田久紀先生はインドを訪ねたとき、お釈迦さま最後の地、クシナガラへの道を、裸足で涙しながら歩んだと語られた。お釈迦さまを慈父のように慕い、その御生涯を詳しく知っている太田先生の耳には、お釈迦さまのお声が、息づかいがありありと聞こえ、阿難に助けられながら一歩一歩歩まれるそのお姿が、見えていたことであろう。何も知らないものにとっては単なる荒涼とした原野にすぎないものが。要するに自分の中にあるものしか見えないのである。

この六根・六境・六識の十八界が一体となって働いて一つの認識が成立するということについて、一度の食事を例として具体的に考えてみよう。

まずは眼でたのしむ。白菜の白、人参の赤やさやさげの緑など色どりもよく、又盛りつけ方もたのしく。これが眼。音も大切である。キュウリのシャキシャキ、おせんべいのカリカリ。音を聞くだけでおいしそうである。鼻に対する香、これも大切である。「香り松茸」というが、松茸が香りがなかったら、あれほどに珍重されないであろう。舌による味は改めていうまでもない。

眼耳鼻舌身の身に対する色声香味触の触について思い出す話がある。私が親しくさせて頂いていた古美術の秦秀雄先生（井伏鱒二の小説『珍品堂主人』のモデルになった人）が、石原慎太郎と対談したおり、慎太郎が「私は古美術は関係ない」といった。そこで秦先生は「君、そういうけど、美しいグラスに盛られたビールと缶ビールと二つ並べられたら、どっちへ手を出す。グラスの方へ自然に手が出るであろう。人間というものは本能的に美しいものをよろこぶ。その思いを素直に伸ばせばいいんだ」と語られた。これなどは眼で見る方と手でさわる触と、更にビールの味と喉ごしというのも触にあたるといえよう。

最後の意と法について。

ある日、迎えに来た車の運転手が女性であった。車中でのおしゃべりが食事の話になり、私が「一人の食事はつまらない。みんなと一緒に食べるから楽しく又おいしい」といったら、

「でも先生、冷戦状態で食べたらおいしくないですよ。何もなくても楽しくいただけばおいしいですが」といわれ、なるほどと思ったことである。

このように一度の食事すら六根・六境・六識の十八界が総合して味わっているのである。しかも一人一人が視力も聴力も味覚も、それにまつわる思いも皆違う。同じ場で同じことをしていながら、全く違った世界を見、又は味わっていることになる。これをやはり「唯識」の一方の泰斗、横山紘一先生は「一人一世界」という言葉で表現しておられる。

まして嫁と姑《しゅうとめ》、夫と妻、親と子、社長と社員、というように立場が変わればくい違うのがあたりまえであることを心に銘記しておけば、おのずから対応の仕方も違ってくるであろう。

自分の見ているもの、経験しているものが絶対にまちがいないというものではなく、自分の投影を見ているにすぎないのだから、それに固執し、あるいはそれをふりまわしたり相手に押しつけてはならないのだよ、ということを、したがって自分と相手と話がくい違うのは当然のことであり、くい違っても相手を責めてはならないよ、ということを、「無眼耳鼻舌身意　無色声香味触法　無眼界乃至無意識界」の言葉は語りかけているような気がする。

「無」——余語老師との出会いの一句

「無の眼耳鼻舌身意あり、無の色声香味触法あり」

ほの暗い禅堂のしじまから、天来の声のようにこの一句が聞こえてきた。深く、温かくそして限りない静けさを秘めたその声と言葉に、私は天地がひっくり返るほどの驚きと喜びを覚え、思わず耳をそばだてた。

「本来《ほんらい》無《む》の一物《いちもつ》、いずれの処にか塵埃《じんない》あらん……」

ほんの数分の余《よ》語《ご》翠巌《すいがん》老師の口宣《くせん》（坐禅中の短い提唱《ていしょう》）は終わり、夜坐《やざ》（夜の坐禅）の静けさはいっそう深まった。

『般若心経』のこの一節は、「眼耳鼻舌身意も無く、色声香味触法も無く……も無く」と、否定的に読むのが普通である。単なる否定ではないと理屈ではわかっていても、何となくモヤモヤとしていて、納得できずにいた私の頭の中の霧が、この一言で一気に晴れたのである。

六祖（中国に禅が伝わって六代目）慧能《えのう》のこの一偈《いちげ》も一般的には「本来無一物、いずれの処にか塵埃をひかん」と読まれてきた。それを「本来無の一物、いずれの処にか塵埃あらん」

と読みかえられた。何という深い読みであろう。

無とか空とかいう言葉を、われわれが耳慣れた言葉に置きかえると仏性《ぶっしょう》とか真如《しんにょ》となる。無限定の仏の御命、御働きが、限りない展開を見せて、眼耳鼻舌身意となり、色声香味触法となり、その一物としての私であり、あなたであり、一切なのである。つまり、すべてが仏性の展開としての一物なのだから、塵《ちり》や埃《ほこり》としての否定すべきものなど初めからないというのが、この読み方である。従来の「本来無一物」は全否定的表現であり、「本来無の一物」は全肯定的表現であり、究極は同じことの説相の違いにすぎないのであろうが、私にとっては、目のウロコを落としていただいたほどの一転語《いってんご》であった。

『般若心経』の中で何回となく出てくる「無」を、どう受けとめるかに苦慮していたそのことがアンテナとなり、老師の一句に出会うことができ、同時にそれが老師との出会いともなった。昭和四十七年六月。余語老師が大本山総持寺の後堂《ごどう》という重責におられた頃の、伝光会摂心《でんこうえせっしん》に参じたおりのこと。老師六十歳、私は三十九歳であったと思う。

以来、御遷化《せんげ》になるまでの二十五年間の法益《ほうやく》は、「無の眼耳鼻舌身意あり」の縦横無尽の展開といってよく、そしてそれはそのまま道元禅師の『般若心経』の受けとめでもあったのである。

念のため「無」についての諸説を尋ねてみよう。

諸橋轍次《もろはしてつじ》氏は『大漢和辞典』の中で、まずは「ない」の一般的意味をあげ、次に「混然として区別のない万物の根源となる道」として、「道家の語」と注を入れ、更に「ゆたか」の意味を持ち、「草木のゆたかに茂ること」という説明を加えている。新村出《しんむらいずる》氏は『広辞苑』の中で、「有と対立する相対的意義における無ではなく、有無の対立を絶し、かえって有そのものをも成立させているような根源的、絶対的、創造的なもの」と説明している。諸橋氏の〝限定されない万物の根源〟と通《かよ》うものが感じられ、インドにおける「空」の中国的展開が「無」であったことに気づく。

更には「仏性」とか「真如」という言葉で表現しようとしているものと同じであること、しかも「仏性」とか「真如」という言葉を借りて表現すると、人々はそこに「仏性」という、「真如」という、梅干しの種みたいな何かを想定したくなる。その危険を防ぐためにこの道の先賢たちは、「無」とか「不」とか「非」という否定的な言葉を借りて、そのものを表現しようと苦心されたのであろう。

いずれにしても「無」という言葉が持っているほんの一部の意味しか知らず、そのわずかな知識にしばられて動きのとれない自分であったことに気づかせていただいたことであった。

道元禅師は「無」をどう受けとめられたか

道元禅師は「無」をどのように受けとめられたのであろうか。道元禅師は三十四歳のとき、宇治の興聖《こうしょう》寺《じ》を開創された。この年の夏安居《げあんご》に「摩訶般若波羅蜜」を、つまり『般若心経』の心を説いておられる。その中に、

「施設《せせつ》可《か》得《とく》の般若現成《はんにゃげんじょう》せり。いわゆる戒定《かいじょう》慧《え》乃《ない》至《し》度《ど》有《う》情《じょう》類《るい》等《とう》なり。これを無という。無の施設、かくのごとく可得なり」

とあり、同じく『正法眼蔵《しょうぼうげんぞう》』仏性の巻には、

「無の片々は空を道取《どうしゅ》（表現）する標榜《ひょうぼう》（めじるし）なり。空は無を道取する力量《りきりょう》なり云々」

とある。道元禅師の言葉はむずかしい。あえて意訳すれば、「あらゆる姿や働きを持って現成している一切のものを無という。無という限定されないものが——限定された姿や形を持たないからこそ、時間的にはいつでも、空間的にはどこでもというあり方で存在することができるもの——天地間の一切の存在として現成している」ということになろうか。

「仏性の巻」の言葉も、「無」と「空」を一つのものとして受けとめておられることがうなずかれる。

更に「摩訶般若波羅蜜の巻」では、六根と六境を十二枚の般若と呼び、六識を加えて十八枚の般若と呼んでおられる。苦集滅道《くしゅうめつどう》の四諦《したい》は四枚の般若、六波羅蜜は六枚の般若、過去現在未来は三枚の般若、人間の日常生活を表す行住坐臥《ぎょうじゅうざが》は四枚の般若というようにすべてを般若の働きと呼んでおられる。つまり、すべての存在、すべての働きを、仏の働きの片々と受けとめておられる。

春は花夏ほととぎす秋は月冬雪さえて冷《すず》しかりけり

これは道元禅師が「本来の面目《ほんらいのめんもく》」という題のもとに詠まれたお歌である。「本来」というのは、一切の存在の根源ともいうべきものを意味し、『般若心経』ではこれを空とか無という言葉で表現し、また仏性とか真如とか更に親しく「親さま」と呼びかけている人々もある。キリスト教ではそれを「天にまします父」と呼び、あるいは「神」と呼んでいる。その二者のかかわり方は、二つであって一つにはなれないという見方や、一つのものの二つの名前という見方やさまざまな受けとめ方がなされてきた。仏教は一つという、後者の見方をするものと考えたらよい。

「面目」というのは「顔かたち」「物事のありさま」などという意味を持っている。「面目が立つ」とか「面目まるつぶれ」とか、「面目を一新する」というように使われていることからも、うなずくことができよう。とすると、「春は花夏ほととぎす秋は月冬雪さえて冷しかりけり」という姿が、本来の神とも仏とも、親さまとも呼ぶべきものの姿、形、内容なんだということである。

平野恵子さんという方は岐阜の高山の浄土真宗の坊守で、癌《がん》のため四十一歳の若さで世を去られた。幼い三人の子供に遺した『子供たちよありがとう』（法蔵館）という本の中で、恵子さんは次のように語りかけている。

「限りない〝いのち〟の故郷から遣《つか》わされた小さな生命たち。その三つの尊い生命が、人としてお母さんの身体に宿りました……」

道元禅師の「本来の面目」にあてはめるならば、「限りない〝いのち〟の故郷」が「本来」に当たり、「小さな生命たち」が「面目」に当たる。

『般若心経』の言葉にあてはめてみるならば、「空即是色」の「空」、「無眼耳鼻舌身意」の

「無」に当たるのが、恵子さんのいう「限りない〝いのち〟の故郷」であり、「空即是色」の「色」、「無眼耳鼻舌身意」の「眼耳鼻舌身意」に当たるのが「小さな生命たち」ということになる。

「空」とか「無」とか「真如」などというむずかしい言葉を使わずに、〝いのちの故郷〟と語りかけ、〝親さま〟と呼びかけるところに、日本的に消化しきったものを、理屈の世界を通り越して、あたたかい情の世界、宗教の世界にまで熟成されたものを感ずることである。

第六章　苦しみが私を救う

無無明。亦無無明尽。乃至無老死。
亦無老死尽。無苦集滅道。

無明も無く、亦無明の尽くることも無く、乃至老死も無く、
亦老死の尽くることも無く、苦集滅道も無し。

「苦しみが私を救う」――苦・集・滅・道の四諦の心

「どういうご縁で、わざわざ私を呼んで下さったのですか？」

兵庫県の山中で牧場を経営しているK氏の熱心な要請で、講演に出かけたときのこと。現地で初めてお会いしたK氏にお質《たず》ねした。

「牛が逃げましたんや。それを捕まえようとして〝九死に一生〟というほどの大怪我をしてしもうて。その入院中に先生の書かれた『美しき人に』という本を見舞いにもらいましてな。その中の〝南無病気大菩薩〟という言葉に、えろう共感しましたんや。

怪我したお蔭でこの言葉と出会い、先生とのご縁も結べて、病気さまさまや」

K氏の答えに、私も感激していった。

「牛が逃げなかったら、またあなたがそれで怪我なさらなかったら、私たちのご縁はなかったのですね。

怪我の苦しみのお蔭であなたの中にアンテナが立ち、同じ波長の私の病気のお話のところと電波が交流し、それが今日の講演につながり、さらに聴いて下さる大勢の方々との出会いへと輪を広げることができたのです。私も病気をしていなければ〝南無病気大菩薩〟の文章は書けなかったでしょうし、やっぱり病気さまさまですね」と。

ローマ法王の側近としてバチカンにおられた尻枝正行神父と、作家の曾野綾子さんの往復書簡『別れの日まで』（新潮文庫）の中で尻枝神父は、失明の危険も強い両眼手術にのぞむ曾野さんに、次のように書き送っておられる。

「病いや苦しみをそのまま神の贈り物として積極的に肯定し、引き受けることができるのは、奇蹟でなくて何でしょう。

この心の転換は、物質的病の治癒よりも遙かに重大なことです。（中略）《私が苦しみから救われる》のではなく、《苦しみが私を救う》のです」

どんなにすばらしい人に会い、その言葉を聞き、あるいは読んでも、受けとめる側の心にスイッチが入っていなければ、その人に出会うこともできなければ、その言葉も右から左へと通過してしまい何も残らない。病気のお蔭で、病気の苦しみに導かれて心にスイッチが入り、一冊の本、一つのお話の中でも、同じ波長のところ、同じ苦しみのところで火花が散り、出会いが成立し、そこが道へ入る門となり、鍵となるのである。まさに「〝私が苦しみから救われる〟ではなく、〝苦しみが私を救う〟」のである。

お釈迦さまは長いご修行の果てに、天地のまことの道理にめざめられ、その最初にお説きになったと伝えられているものに、苦・集・滅・道の四諦《したい》の教えがある。諦というのは真実というほどの意味で、四つの真実といったらよいであろう。苦諦《くたい》は苦しみの自覚、集諦《じったい》はその苦しみの原因の究明、滅諦《めったい》は苦しみや煩悩の炎の消えた安楽の世界、道諦《どうたい》はその安楽の世界に到るための具体的な生き方と考えたらよい。

求める心をおこし、そういう生き方をするようになるためには、教えが聞けなければならない。教えが聞けるようになるためには、アンテナが立ち、スイッチが入らねばならない。そのアンテナやスイッチは苦に導かれて入るというのである。求道心《ぐどうしん》をおこせと説く前に、求道心をおこす原動力となる苦の自覚をお説きになったところがすばらしい。

お釈迦さまはよく医者と病人にたとえられた。健康ならば、たとえ病気を持っていても病者の自覚がなければ医者へもゆかず、薬を飲もうとも思わないであろう。病気の自覚のお蔭で、それも病苦がきびしいほどに、まったなしに医者へとびこみ、その言葉を聞き、薬を飲もうとする。これが求道心である。まさに苦に導かれて私が救われるのである。

光に導かれることによって開かれてゆく人生

苦に導かれてアンテナが立ち、そのお蔭で正しい教えに出会い、教えに導かれることによって、体は病みつつも、そこを仏の慈悲の御手《みて》の只中《ただなか》といただき、病苦のお蔭と病気を拝み、一歩一歩をそのままお浄土に変えていった人がいる。

北海道の知床《しれとこ》半島の入り口に位置するところに斜里《しゃり》という町があり、鈴木章子《あやこ》さんという方が住んでおられた。浄土真宗のお寺の奥さまである。乳癌《にゅうがん》が次第に転移して、四十七歳を一期《いちご》として世を去られたが、教えに照らされ導かれることによって、癌と共に生きる人生が、これほどまでに深く、すばらしいものとなるものかと、おどろくばかりである。(『癌告知のあとで』探究社)

まずは肺癌《はいがん》のベッドの上で気づいたこと。財産も肩書も、旦那さまも子供も、何の役にも立たない。はぎとられるものは全部はぎとられて、まる裸の一個の人間がベッドの上にころがされているだけ、そこで大切なことは、心にどんな宝をいただいているかだ、ということに気づいたという。

この気づきは大切である。章子さんはさいわいに癌のお蔭で早く気づくことができた。癌にでもなって、否応なしにはぎとられるという土壇場に追いこまれないと、人は一生気づかずに終わってしまう。財産も肩書も旦那も子供も、みな持ち物にすぎない。いざというとき何の役にも立たない、いざというとき全部置いてゆかねばならないものばかり。そんな中途半端なものに目がくらみ、得たといって酔っぱらい、失ったといって死にたくなるほどに歎《なげ》き悲しんでいる私たち。これさえ手に入れば最高にしあわせと思いこんでいたものが、いかに泡沫《うたかた》のような中途半端なものであったか。癌のお蔭で早く気づき、早く手放すことができた章子さんは、むしろしあわせ者である。

章子さんには三人の子供さんがあって、末息子は高校生で卓球の選手でもあり、その特訓のあいまをぬって、肺癌の手術の日、息子がかけつけてくる。章子さんはこの末っ子がとても心にかかり、何とか息子に心配をかけまいと、息子が入ってきたら、〝お母さん大丈夫、ハハハ〟と元気で笑って、手をしっかり握ろうと、ひそかに心準備する。息子が入ってきた。「お母さん痛むかい？」と、お母さんの手を握ってくれた。予定としては〝お母さん、大丈夫だよ〟と元気に答え、ハハハと笑うつもりであったが、肺を切りとられた体は笑い声一つ立ててくれず、握り返す手にも全く力が入らない。予期しない涙ばかりがボロボロこぼれるという現実に出くわし、大切なことに気づかせていただくことができた。

それまでは健康にまかせて、〝なせばなる　なさねばならぬなにごとも　ならぬは人のなさぬなりけり〟の歌をふりまわして、自分も頑張り、子供達のお尻もひっぱたいてきた。しかし、どんなにやる気があっても、天地いっぱいのお働き、仏さまのお働きをいただかなかったら、笑うこと一つできないのだ、ということに。この気づきもすばらしい。〝なせばなる　なさねばならぬなにごとも　ならぬは人のなさぬなりけり〟の歌の示す通り、一つのことをやりとげ得るか否かは、やる気があるかないか、本気かどうかにかかっていることは確かである。しかしどこにでも落とし穴があるから気をつけなければならない。やる気、本気はよいが、私の努力でやったという驕《おご》りの心がしのびこみやすい。この驕りの心は、やらない人を責める刃《やいば》となりかねない。どんなにやる気があっても、天地いっぱいのお働きをいただかなければ、呼吸一つ、笑うこと一つ、手を握り返すことさえできないんだということ、一つ一つがすべて天地いっぱいからの働きかけをいただいて初めてできるのだということに気づかせてもらうことができたというのである。この働きを仏と呼び、縁起といい『般若心経』では「空《くう》」とか「無《む》」という言葉で語っているのである。

今ここをお浄土に――「明」と「無明」と

肺癌の手術の結果もよくて大部屋に移された鈴木章子さん。隣りのベッドの奥さまが明日退院だという。

「よかったですね。子供さんが待っておられるので、早く帰ってあげて下さい」

というと、その奥さま、

「いえ、私は明日退院しません。大安の日を選んで退院します」

という。その奥さまが半年後に亡くなられた。その奥さまの姿を通して新聞のご説法が聞こえてきた。新聞は、大安《たいあん》の日には喜びの記事しか載せていないかといえばそうではない。仏滅《ぶつめつ》の日は悲しい記事しか載せていないかといえばそうでもない。どの日もこの日も同じように喜びも悲しみも満載している。それが人生の道具だて。わが心にかなうことだけで人生が準備されているのではない。喜びも悲しみも、愛も憎しみも成功も失敗も、健康も病気も、同じようにとりそろえてくれている。むしろ思うようになることばかりの人生では極楽トンボみたいな人間になってしまうであろう。しあわせがあたりまえとなり、しあわせをしあわせといただくアンテナがなくなってしまうから、むしろ不幸ですらある。思うようにならない人生、悲しみや苦しみによってこそ、聞く耳が開け、アンテナを立てさせていただくことができ、そのことによって教えに出会い、人生を大きく変えてゆくことができたと、悲しみや苦しみを積極的に〝ようこそ〟と受けて立ってゆけと、新聞が毎日ご説法してくれていたことに気づかなかったけれど、大安を択《えら》んで退院していった奥さまを通して、新聞のご説法が聞こえてきた。

「今までご説法というものは、お寺の本堂でお坊さまから聞くものだと思っていたが、そうではなかった。癌をいただいたお蔭で至るところからご説法が聞こえてくる。肺癌で寝ているこのベッドの上が、如来さまのご説法の一等席であったと気づかせていただくことができた」と涙する章子さん。

金子大栄先生は、

「信仰は、宗教は、その人の置かれた状態をなおすのではなく、お金のない人が急にお金持ちになったり、魚のとれないときに急に魚がとれるようになったりというように、その状態をなおすのではなく、人間そのものを救う」

と語っておられる由。われわれ凡夫が「救われた」と思うときは、苦の状態からのがれて救われたと思う。つまり条件が変わらないと救われないような気がする。そうではない。状態は少しも変わらないまま、癌がなおって救われるのではなく、癌の苦しみの中に身を横たえているという状態は少しも変わらないまま、むしろ癌の苦しみのお蔭でしっかりとアンテナが立ち、その場所がそのまま如来さまのご説法の一等席といただける。まさに「私が苦しみから救われる」のではなく、「苦しみが私を救う」とおっしゃった尻枝神父さまのお言葉そのままである。

「肺癌のベッドの上が如来さまのご説法の一等席であった」と気づいたとき、そこがたちまちお浄土となる。そう気づいたそのとき「往生した」という。「浄土に往生する」とは、西方十万億土の話でもなく、死んでからの話でもない。いかなる状態の中にあろうと教えに導かれることにより、一歩一歩をお浄土と転じてゆかねばならないのであり、またおのずから開かれてゆく世界でもある。

『般若心経』で「無明も無く亦無明の尽くることも無く、乃至老死も無く亦老死の尽くることも無し」という言葉が出てくる。「無明」というのは「明るくない」ということ。天地の道理に暗い、教えという光に照らされないがゆえに暗いことを「無明」という。

どこを歩いているのか、どっちへ向かって歩いてよいのか、全くわからないままに、闇路《やみじ》の人生という山坂をつまずきつつ、ころびつつ歩いてゆく姿を、無明から始まり老死で終わる十二因縁という形でお釈迦さまはお説きになった。同じ人生の道具だてに変わりはないが、その苦に導かれて教えに出会い、まことの教えという光に照らされることで、同じ生老《しょうろう》病《びょう》死《し》の人生が、さんぜんと輝くお浄土の景色と変貌する。これが光、つまり「明」によって歩き始める人生の展開であり、苦は苦のままに脱落底の世界となる、というのであり、鈴木章子さんの生き方はまさにそれといえるであろう。

人生の道具だてに変わりはないが

亡くなる二ヵ月ほど前のこと、鈴木章子さんは自宅で静養しておられた。御主人が、

「夜、眠ってしまって、知らないうちにお前が息をひきとるといけないから、同じ部屋で横に寝る」

という。章子さんは、

「お父さんに、同じ部屋で休んでいただいても、いざというとき一緒に死んでいただくわ

けにもいかないし、代わって死んでいただくわけにもいかないし、死ぬことを延ばすわけにもいかない。それよりもお父さん、子供のためにも体を大事にしてほしいから、別の部屋で寝ましょう」

といって、二階と下と別々の部屋で寝る。そのときの御挨拶、「おやすみなさい」という詩が残されている。

『お父さん
　ありがとう
またあした
　会えるといいね』

と手を振る。

テレビを観ている顔をこちらに向けて、

『おかあさん
　ありがとう
またあした

会えるといいね』
手を振ってくれる。
今日一日の充分が、
胸いっぱいに
あふれてくる。

「お父さん　ありがとう」の一言の中には二十年余り夫婦として共に歩むことができたことへのお礼の思いもある。「またあした会えるといいね」と、切なる思いで願ってみるけれど、まちがいなく明日を迎えることができるという生命の保証はない。今夜お迎えが来るのかもしれない。永遠の別れの思いもこめて「おやすみなさい」、そして二階と下とに別れる。さいわいに朝を迎えることができたとき、「お父さん、会えてよかったね」「お母さん、会えてよかったね」と心おどる思いで挨拶をかわす。

四十六年の人生の歩みの間、こんな挨拶を一度だってしたことがあったであろうか。健康にまかせて「忙しい！　忙しい！」と、心も体も宙に浮いたような生き方しかできず毎日の挨拶もうわのそらの挨拶しかしてこなかった。癌をいただいたお蔭で、一度一度の挨拶が、恋人のように胸おどらせての挨拶ができる、と喜びの中で語る章子さん。

癌は
私の見直し人生の
ヨーイドンの
　癌でした。
私、今、
　出発します。

これは章子さんの最期の頃の詩である。章子さんはいう。
「人生はやり直しはできないが見直し出直すことはできる。癌のお蔭で死を見据《みす》える眼が深くなり、一日いただくことができた生命の限りない重さにも気づかしていただくことができ、はじめてこの生命どう生きたらよいかも見えてきた。癌のお蔭で、ようやく人生の意味も、生命の重さも、そしてあるべきようも見えてきた。死は終着点ではない。出発点だ。よし、やるぞ！」

というのである。

「乳癌だけでは気づかないボンヤリ者の私のために、肺癌、転々移という癌までくれまして、〝章子よ、目覚めよ、章子の華を咲かせてくれ〟との、如来さまの大慈悲の贈り物であった」

と感謝しつつ四十七歳の生涯を閉じられた。

『般若心経』の中の「無明も無く亦無明の尽くることも無く、乃至老死も無く亦老死の尽くることも無し」の部分を、理解しやすいように整理してみよう。まずは二つに分けなければならない。

一つは「無明も無く乃至老死も無く」であり、もう一つは「無明の尽くることも無く、乃至老死の尽くることも無し」である。十二因縁の第一番目に出てくる「無明」と第十二番目に出てくる「老死」だけをあげ、中間は「乃至」という言葉で省略して語っている。

「無明も無く乃至老死も無く」の方は、「明」つまり光明に照らされ導かれての人生はたとえば病者の床に臥《ふ》しているという状態は変わらないままに、そこがお浄土となる、鈴木章子さんのように、苦を仏さまよりの「気づけよ」との慈悲の贈り物としていただけたとき、苦は苦のままに脱落底となる世界を語ったものといえよう。

かといって、光明に照らされ、導かれての人生行路に、生老病死や愛憎の起き臥しという景色がなくなってしまったわけではなく、花開き、紅葉し、やがて散り果てることに変わりはない、というのが「無明の尽くることも無く、乃至老死の尽くることも無し」である。同じ人生の道具だての中にあって、光明があるかないか、仏の智慧に導かれるか否かによって変貌する人生の二つの世界を、ひっくるめて語られているといただいたらよいであろう。

わかりやすくするために表〔次頁参照〕にしてみた。

まずはお釈迦さまの教えを一言でいえば「縁起」。これは二本の柱よりなり、一本は時間的縁起でこれを諸行無常といい、もう一本は空間的縁起でこれを諸法無我という。この縁起の道理（天地の道理）に暗く、無痴なため（無明）自ら招いた苦しみの人生を一切皆苦と呼ぶ。

この苦に導かれてアンテナが立ち、縁起の道理にめざめ、その教えに導かれ（明）正しい人生観、世界観（八正道）のもとに精進するところに、おのずから涅槃寂静の世界が開かれる。

この中で、諸行無常、諸法無我、一切皆苦、涅槃寂静を四法印と呼び、無明に始まる人生（十二因縁）を流転縁起《るてんえんぎ》と呼び、明に始まる人生を還滅縁起《げんめつえんぎ》と呼ぶ。

(1)(2)(3)(4)これを四法印という。

(イ)(ロ)(ハ)(ニ)四聖諦

(3)一切皆苦……………………………………(イ)(苦)

この縁起の道理（天地の道理）に暗い（無明・痴）が故に自ら招く
苦しみの人生　(ロ)(集)

―無明に始まる十二因縁を流転縁起―

縁起（二本の柱）
(1)諸行無常（時間的縁起）
(2)諸法無我（空間的縁起）

苦に導かれて教え（明）に出会い、
正しい人生観・世界観（八正道）によって…………(ニ)(道)
開かれる世界―明に始まる十二因縁を還滅縁起―

(4)涅槃寂静……………………………………(ハ)(滅)

苦が喜びに、泥が華に転じた世界。

〈遠離一切顛倒夢想　究竟涅槃〉

かくて教えにめざめ、導かれることにより一切の顚倒夢想を遠離して涅槃を究竟することができるというのである。

ちなみに「四諦」「八正道」「十二因縁」は、お釈迦さまが、天地宇宙、人生の真実の姿にめざめられた――これを成道《じょうどう》という――その最初に説かれた教えとされている。

四諦は苦・集・滅・道の四つで、すでに述べた。八正道は四諦の中の道諦を詳説したもので、天地の道理に随順して生きるべき毎日のあり方が述べられたものである。

十二因縁は、無明・行《ぎょう》・識・名色《みょうしき》・六処《ろくしょ》・触《そく》・受・愛・取・有・生・老死と展開する、つまり道理に暗い（無明）ままに出発し展開する人生を流転縁起と呼び、四諦なら苦諦に至る道ゆきであり、真理に、光明に（明）導かれての人生を還滅縁起と呼び、四諦なら滅諦に至る道ゆきを述べたものといえよう。

第七章　ただ実践するのみ

無智亦無得。以無所得故。

智も無く亦得も無く、無所得を以っての故に。

無の智あり、無の得あり

「恒に転ずること暴流《ぼる》の如し」

これは『唯識三十頌』に出てくる言葉である。また別のところではローソクの炎にたとえる。すべての存在が一瞬も止まらず、動きづめに動いていることを、川の流れやローソクの炎に譬えての話である。変化に遅速こそあれ、植物も動物も人間も、大きくは地球さえも、刻々に因と縁の限りないかかわりの中で変化しつづけている。川のように、炎のように。ところがボンヤリ見ていると川にも炎にもきまった姿があるように思え、絵や写真の画面には固定した姿のように登場する。そしてその姿にわれわれは固執する。それに気づかせようとしたのが「無く無く無く」としての否定の読みといえよう。「骸骨の上よそおうて花見かな」の句や、「色即是空」と示されるゆえんである。

それに対し、その川も炎も、人間の体と動・植物も、すべてをそのような姿を持った一つの存在としてあらしめている背景には、天地総力をあげての働きがあるんだよ、という角度から見た言葉が、「ありありありあり」という大肯定の見方であり、これを「空即是色」と示されたということは、すでに述べた。

この項の「無智亦無得　以無所得故」――智も無く亦得も無く、無所得を以っての故に――を、奈良康明先生は、

「無の智あり、無の得あり、無の所得あり」

と読んでおられる。余語翠巌老師の「無の眼耳鼻舌身意あり」の読みと軌を一つにしているといえよう。

始めに経題の説明のところで、「般若」は「智慧」と訳すといい、至道無難禅師が「身ナキトコロヨリ流レ出ズル働キ」と説明されたことを述べた。

「智もなければならぬ。なるほどと納得もしなければならぬ」という角度から考察してみよう。

「唯識」では「勝解《しょうげ》」ということを大事にする。よくよく理解する、正しく理解する、〝ああそうであったか〟と悟らねばならないという一面である。

道元禅師は「辦道話」の冒頭で、

「人々の分上にゆたかにそなはれりといへども、いまだ修せざるにはあらはれず、證せざるにはうることなし」

と示しておられる。〝気づく気づかないにかかわらず、初めからすばらしい天地の働きをいただいているのだよ〟というのが、「人々の分上にゆたかにそなはれり」で、過去完了形である。しかし気づかない者には無いと同じ。さんざん求め歩き、学びつくして（修ぜざるには）、〝ああそうであったか〟と気づかなければ（証）、毎日の生活の今ここに生きてこないよ、というのである。気づかないばかりに、それほど大変な生命を、自他ともにおろそかにしかねない。

学びつくし、気づかねばならないが、そこで道元禅師は更に駄目おしをされる。

「参学眼力の及ぶばかりを見取会取するなり」つまり、その気づきも、自分の持ちあわせている貧しい受け皿の範囲にすぎないのだよ。むしろ〝深まるほどに足りない自分に気づくものだよ〟とおっしゃり、「道無窮」――道窮まりなし――と示される。

合掌すればおのずから合掌の世界が開ける

「無所得行」ということで思い出すことがある。

マザー・テレサを訪ねてインドへゆき、わずかの間であったが、その奉仕活動に参加したことがある。「死を待つ人の家」で馴れない仕事に汗を流しながら手伝いというより足手まといになっただけのような一日を過ごし、夕方ホテルへの道を歩む。ふと立ちどまり、気がつくと、アッという間に私をとり囲む物乞いの群れ。「バクシーシ！」「バクシーシ！」という声と手が、私を幾重にも囲む。乳のみ子を脇にかかえたお母さんの物乞い、年老いた体を杖にあずけながら手をのばしているお婆さんの物乞い、子供の物乞い。やせこけて骨の上に皮だけがはりつき、腹だけがふくれ、その上にわずかによれよれの布がかかっている。

そのとき私の頭陀袋《ずだぶくろ》の中には、「死を待つ人の家」で働くための前掛けや手拭いが入っているだけで、一ルピーも飴玉一つも入っていなかった。私は思わず合掌して、「ナマスティ」「ナマスティ」と、群集に向かって挨拶の言葉を贈った。するとおどろいたことに、「バクシーシ！」と手をさしのべて絶叫していた群集のことごとくがサッと合掌し、うれしそうに小躍りせんばかりの表情で「ナマスティ」と答えてくれた。

バクシーシ！と叫ぶ群集にナマスティとなすすべ知らずただ掌《て》をあわす

バクシーシ！とのべしその掌がナマスティと合掌の手に変りつるはや

バクシーシとは「お恵みを」という物を乞う言葉であり、ナマスティは「あなたを拝みます」というインドの代表的挨拶で、必ず合掌と共にする。

「バクシーシ！」と物乞いの手をさしのべれば物乞いという餓鬼の世界がたちどころに現出し、その手をひっこめて合掌すれば、合掌の仏の世界がたちまち開かれる。実践さえすれば結果はただちにまちがいなく、しかもおのずから現成《げんじょう》する。

東井義雄先生が講演先で、もう一人の講師の方と二人、同じ部屋に休まれた。もう一人の講師の方が、「東井先生、お休みになる前に足をもませて下さい」とおっしゃる。「足などもんでもらわんでも結構です。お疲れでしょうからお休み下さい」とおことわりしても、その講師は東井先生の足もとに坐り、こうおっしゃった。

「東井先生、一つお願いがあります。明日お帰りになられたら、今から私のする通りに奥さまの足をもんでさし上げて下さい。まず初めに足の裏に向かって合掌して……」

翌日の夜遅く東井先生は自坊に帰られた。どんなに遅くなっても奥さまは起きて待っておられるよし。

「今夜はあなたの足の裏をもまんきゃならんことになっている。たのむから寝てくれ」と東井先生。「足などもんでもらわなくても結構です。お疲れでしょうから早くお休み下さい」という奥さまを無理に横にならせ、〝初めにまず足の裏に向かって合掌しろといわれたな〟と思い、とりあえず合掌の形をとった。足の裏を拝んでギョッとした、こんなにごつい足であったかと思って。

「結婚して何十年。家内の足の裏を見たのは初めて。町なかで育った家内はかわいらしい足をしていたことであろう。この山寺へ嫁いできて、田畑がどうなっているかも知らず、寺のことも子育ても全部まかせて学校のことにかまけている私に代わって、重い荷物を背負い、山道の石や木の根を踏みしめ踏みしめ歩いているうちに、こんなごつい足になってしまったのであろう。ひょっとしたら家内は、私の足の裏の配役のために生まれてきてくれたのかもしれない、と気づいたら、いつの間にか泣きながら真剣に足をもんでいた」と語って下さった。「足の裏を拝む」という実践をしさえすれば、おのずから開けるまばゆいばかりの合掌の世界である。

道元禅師のお言葉に「修《しゅ》すれば証《しょう》その中にあり」（学道用心集）という一句がある。「修する」とは実践すること。実践しさえすれば「証」つまり結果はただちに現れる。合掌するという生演奏（修）をしさえすればあたたかい仏の世界が待ったなしに現れる（証）というのである。修と証は別ではない、一つと受けとめよ、更には証を待たず、結果をアテにせず、ただ実践すること、修することだけを考えよ、とおおせられる。

「仏教は因果論というけれど、われわれが発言権を持っているのは因のみ。果に発言権はない。ただよき師の導きのもとに、限りなくよき因を積むのみ。果は向こうからやってくる」

と語られた太田久紀先生の言葉が思いあわされる。これを無所得行《むしょとくぎょう》というのである。

『般若心経』では「智も無く得も無く、無所得を以っての故に」とある。苦に導かれてアンテナが立ち、まことの教えに出会うことにより仏の智慧をいただくこともできるし、すでにいただいているすばらしい働きにめざめることができ、無所得どころか、受用《じゅゆう》不尽《ふじん》の宝海《ほうかい》の只中である。がしかし何かを得るためにするのと、捨て身でして結果としておのずから授かる世界とは天地のへだたりのあることを忘れてはならない。

布施とはむさぼらず、へつらわないこと

あるとき舎利弗尊者《しゃりほっそんじゃ》が信者さんから大変なごちそうを貰《もら》った。自分がいただくのはもったいない、どうしようかと考えた末、お釈迦さまに召しあがっていただこうと思い、持っていった。ところがお釈迦さまはその場でやせ犬にやってしまい、舎利弗に質ねられた。

「舎利弗よ、お前は私にごちそうをくれた。私は犬にやってしまった。どちらが功徳《くどく》があると思うか」

智慧第一の舎利弗尊者。ドキンとしたに違いない。

「犬に授けたほうが功徳が多うございます」

と答えた。

この話を聞いたとき私もドキンとした。私ならもっとひどい。まず自分が食べようと思うであろう。次に大事に思う人に食べていただこうと思うであろう。犬になどやったら「人の好意を踏みにじるにもほどがある」と怒るに違いない。

誰よりもわが身がかわいいという利己《りこ》の私が見えていない。好意を押しつけている自分に

気づいていない。よろこんでもらおうというひそかなる期待をもっての、有所得心《うしょとくしん》での行為であることに気がついていない。

十大弟子の筆頭ともいえ、しかも智慧第一と称された舎利弗尊者であるがゆえにこそ一層にきびしく、わずかな心の染汚をも見逃さず誡《いまし》められたお釈迦さまの、慈悲のお心が清冽《せいれつ》にひびいてくる。

道元禅師は「布施というはむさぼらざるなり。むさぼらずというはへつらわざるなり」とおっしゃり、「たとえば捨つる宝を、しらぬ人にほどこさんがごとし」と示しておられる。普通「布施」というと、お坊さんにお経をあげていただいたとき、「お布施」と書いてお礼としてさし上げたり、また物を持っている人がない人に施すことのように思われている。ところが道元禅師は〝布施ということはむさぼらないことであり、むさぼらないということはへつらわないということだ〟とおっしゃる。

考えてみると、われわれが何かを人にさし上げるとき、全くの無所得、無条件でさし上げているであろうか。心の深みではまちがいなくといってよいほどに、何らかのお返しを待っている。よく「倍返し」という言葉があったり、「海老で鯛を釣る」などという言葉もあるが、それほどにえげつなくはないまでも、〝ありがとう〟という言葉を、よろこんでもらおうという期待を、無意識のうちに持っている。

お寺や公共団体などでの寄付行為でも、寄付者御芳名などとして書き出すか出さないかで、寄付額が大きく違ってくる。これは浄財でも何でもなく、寄付という形でわが名誉をむさぼっているにすぎない。しかもそのことに気づいていない。

または、同じ一つのものをさし上げるのにもよろこんで下さる人に、あるいは自分にとって有利な方に、大切に思う方にさし上げようと思う。そこに計算の心やへつらいの心がひそかに動いていることに気づいていない。

「布施というはむさぼらざるなり。むさぼらずというはへつらわざるなり」の道元禅師のお言葉の何ときびしいことか。

キリストは「右手でしたことを左手にしらせるな」とさとされ、葛城《かつらぎ》の慈雲尊者《じうんそんじゃ》（江戸後期の真言宗の僧）は、「いいことをしたならば、そのいいことを、鼻をかんだ紙を川に捨てるように捨ててしまいなさい」と教えられた。悪いことはなるべく知られないようにし、また川へ流して消し去ることができたらと思うが、よいこと、自分の名誉や利益の足しになることは、つとめて人に知られようとするのが凡夫のつねである。

無所得、不染汚の行にはほど遠い自分の姿であることを、恥じ入るばかりである。

　この秋は雨か嵐か知らねども今日のつとめに田草とるなり

というのがある。秋の収穫は問わない。どんなに努力しても、台風で収穫零《ゼロ》になるかもしれない。結果を問うていたら何もできない。結果はすべてお任《まか》せ。自分に問うことは「今なすべきことをなし得ているか」だけだという。これを無所得行という。

第八章　生き方を転換する

菩提薩埵。依般若波羅蜜多故。心無罣礙。
無罣礙故。無有恐怖。
遠離一切顛倒夢想。究竟涅槃。

菩提薩埵、般若波羅蜜多に依るが故に、心に罣礙無し。
罣礙無きが故に、恐怖有ること無し。
一切の顛倒夢想を遠離して、涅槃を究竟す。

欲の方向づけができた人を菩薩と呼ぶ

九州・大分へ講演に行った。講演のあいまを縫って、主催の方が地獄谷巡りへとお誘い下さり、弟子数人を伴い、久々に観光としゃれた。

地下から噴出したエネルギーを利用して熱帯植物を育てている場所、温泉となって人々の治療に役立てている場所、家庭の台所へひいて活用している人、いろいろある。血の池地獄、海地獄……などと巡ってゆくうちに「坊主地獄」というのに出くわした。坊さん五、六人を前にして案内人は当惑しながら「これ坊主地獄といいます」という。粘土質のドロドロとした池に、ボコボコと噴き出したエネルギーが泥を持ちあげ、その形が坊さんの頭に似ているからこの名があるという。横に「危険だから側に寄るな」と注意の看板が掛けられていた。坊主頭の形の泥がやがてはじけて泥を飛ばすからであり、まわりの囲いも看板もどろんこに汚れていた。弟子たちと笑いころげながら思った。

まわりの囲いや看板を汚す程度ならよいが同じ地下から噴出するエネルギーも、出場所によっては、普賢岳《ふげんだけ》や有珠山《うすざん》の大噴火のように大災害をもたらすことになる。災害をもたらすエネルギーも、利益をもたらすエネルギーも、もとは地中に育った一つのエネルギーの出場所の条件を異にしただけ。人間の欲も同じだな、と。

愛知県・豊明《とよあけ》市が主催する青少年健全育成市民大会での講演を頼まれて出かけた。壇上に「愛の手で非行の芽を摘もう」というスローガンが大きく掲げられているのを見て、開口一番、私は次のように語った。

「〝愛の手で良い芽をのばそう〟というのでなければいけないのではないでしょうか。非行へ走るエネルギーも良い芽をのばすエネルギーも、天地いっぱいからの授かりの命のエネルギー。摘みとることしか考えなかったら、そのエネルギーの出場所がなくなり、横にばかり出るでしょう。誰にも長所がある。得手とするものがある。長所を見つけ、得手を見つけ、それをどんどんのばすようにしてやれば、横へ、非行へ走るエネルギーはなくなるはずです。角をためて牛を殺すような愚をしてはなりません」

欲も天地いっぱいからの授かりと気づかせていただくことができたら、欲をわがままな私の思いの満足の方向へは使えなくなる。欲の方向づけをしないではおれなくなる。たとえば非行の方向ではなく、向上の方向へと。

天地いっぱいからの授かりのエネルギーと気づき、欲の方向づけ、いいかえれば生きる生命の方向づけが、神や仏の方向へと、方向づけができた人を菩薩《ぼさつ》という。『般若心経』の初めに出てくる観自在《かんじざい》菩薩などの菩薩方は、地蔵《じぞう》菩薩、勢至《せいし》菩薩などと共に、仏が迷える衆生を救わんための方便として姿を現された向下《こうげ》の菩薩であるのに対し、凡夫が生命のほんとうの姿に目覚め、仏の方向に向かって生きようという願いを持ったとき、向上《こうじょう》の菩薩となる。

菩薩は梵語でボーディ・サットバ、漢訳して菩提薩埵、略して菩薩と呼ぶ。その菩薩は「般若波羅蜜多に依るがゆえに心に罣礙なし、罣礙なきがゆえに恐怖あることなし」と語る。「罣礙」というのはさしさわりであり、こだわりである。天地のまことの道理に、生命の真実の姿に目覚めさえすれば、こだわりはなくなり、おのずから怖れもなくなる、というのである。

私の知人で病院関係の仕事をしている佐々木さんという篤信家がおられる。ある日「だいじょうぶ」と書いた丸い石を持参され、こんな話をされた。

「病院へゆくと馴染《なじ》みの患者さんが私を呼びとめ〝佐々木さん、聞いてくれますか？〟という。明日手術を受けなければならないという人、検査の結果がどう出るか不安という人など、その不安を訴えてくる。私はゆっくりと話を聞いたあと、この〝だいじょうぶ〟と書いた石をそっと握らせます。とても嬉《うれ》しそうに〝佐々木さん、だいじょうぶネ〟といいます。

私はそこでいうんです。〝うん、だいじょうぶだよ。ただしわがままなあなたの思いが満足されてだいじょうぶなんじゃないよ。病んでもだいじょうぶ、死んでもだいじょうぶ。仏さまがしいて下さったレールからはずれっこないんだからだいじょうぶなんだよ〟と」

徹しきった佐々木さんの言葉にウンとうなずきながら思った。

凡夫のアンシンは、自分のわがままな願いがかなってアンシン。手術の結果や検査の結果がよくてアンシン。そんな条件づきのアンシンは、いつでも崩れ去る中途半端なもの。病んでも、死んでも仏さまの御手からこぼれおちっこないんだからだいじょうぶ、という無条件のところに落ちつき得て初めてアンジンといえる。このとき「こうなってもらわないと困る」という罣礙はなくなり、おのずから怖れもなくなる。アンシンとアンジンの違いを心に深くとどめておきたい。

正しい世界観、人生観に導かれて——遠離一切顚倒夢想

寝る暇も食事をする時間もないような忙しさを、「盆と正月が一緒に来たようだ」といい、

ときには大変なご馳走《ちそう》のときも、この言葉を使っているのを、おりおり耳にする。小さいとき「お盆」という言葉を不思議に思ったものだ。お茶碗やお菓子などをのせて運ぶお盆と、どういう関係にあるのだろうかと。

お盆は盂蘭盆《うらぼん》という言葉を略したもので、盂蘭盆はウランバーナという梵語《ぼんご》の音だけを漢字から借りたもの。意味は「倒懸《とうけん》の苦しみ」、つまり「倒《さか》さまに吊《つ》るされた苦しみ」を表し、盂蘭盆の供養というのは、この「倒さまに吊るされた苦しみを救おう」という目的のもとに行われる行事であることを知ったのは、ずいぶんあとのことであった。

昔、極刑の一つに倒懸といって、倒さまに吊るされるという刑があったという。ペテロは師のキリストと同じ姿でのはりつけでは申し訳ないというので、自分から進んでさかさ十字架にかかって死んだと伝えられている。まさに倒懸であり、極限状態の苦しみを象徴したものといえよう。

しかしこれはどこまでも象徴的な話で、刑罰の話ではなく、宗教の話、つまり今ここの私の生き方として受けとめるべきものであろう。「倒懸」は「倒見《とうけん》」、「見《けん》」というのは主義、主張、ものの見方、考え方ということ、したがって「倒見」というのは「まちがったものの見方、考え方」ということになる。天地の道理に暗いがゆえに天地の道理に反したものの見方、考え方、つまりまちがった人生観、世界観にひきずられて生きる人生が、みずからにして招く苦悩の日暮し、それが「倒見の苦」である。お盆の行事というのは、仏の教え、真実の光に出会うことで、まちがった自分の生き方に気づけと警告するときであり、正しい生き方へと転ずるそのことこそ、先祖のもっとも喜びとするところであり、これ以上の先祖供養はないということではなかろうか。

仏の教えに照らされてまちがっていた自分の姿（倒見）に気づき、人生観のたてなおしができ、正しい教えに導かれての今ここの歩みが少しずつでもできるようになる。これが『般若心経』でいう「遠離《おんり》一切《いっさい》顛倒《てんどう》夢想《むそう》」である。実践しさえすれば、たちどころにその世界は開ける。ニコッとしたらニコッとした世界が開け、拳《こぶし》をふりあげたら修羅場《しゅらば》がたちどころに展開するように。これが『般若心経』でいうところの「究竟《くきょう》涅槃《ねはん》」である。

「一切の顛倒夢想を遠離して涅槃を究竟す」の「顛倒夢想」というのは、前述の「倒見」と同じで、「まちがったものの見方、考え方」ということであり「遠離」というのは「遠く離れること」、それから脱け出すことと考えたらよい。「涅槃」は理想的なところ、すべての人の最後の、最高の落ちつき場所と考えたらよい。

「遠離一切顛倒夢想究竟涅槃」を私流に意訳してみよう。

まちがった世界観や人生観（顚倒夢想）のゆえに――天地の道理に暗いがゆえに――みずから招いた苦しみの人生、その苦しみに導かれて聞く耳が開け、正しい教えや、正しい教えを説く師に出会うことによって、正しい世界観、人生観にめざめることができ、教えに導かれて毎日の生き方の方向転換をすることができる（遠離）。そこにおのずから心安らかな人生が開けてくる（涅槃を究竟す）というのである。

〝死ぬからいいんじゃ〟仏教の世界観――無常

天地の道理に暗いことを「顚倒夢想」という。では仏教では天地の道理、真理をどう受けとめ、説いているのであろうか。

われわれが問うべき言葉はたった二つ、「いかにあるか」「いかにあるべきか」であると思う。「いかにあるか」は、この天地・宇宙はいかなる姿で存在しているか、その中にあってわれわれはいかにあらしめられているか。その存在の事実、実相を問う言葉である。「いかにあるべきか」は、「いかにあるか」「いかにあらしめられているか」という天地の道理、人の命の姿というものがわかれば、おのずからにして見出される人間としての生き方である。限りなく自我中心のわがままな思いを放下《ほうげ》し、天地の道理に随順して生きるという「あるべきよう」、それが二つめの問いの答えといえよう。

仏教では天地の道理を「縁起《えんぎ》」——すべてがかかわりあいつつ存在している——の一言で述べ、その縁起を「時間的縁起」と「空間的縁起」の二つに分け、「時間的縁起」のほうを「諸行無常《しょぎょうむじょう》」といい、「空間的縁起」のほうを「諸法無我《しょほうむが》」という言葉で説明している。〔一五〇頁参照〕

「無常」という言葉を聞くと、多くの日本人は悲哀にみちた情景を思い浮かべるのではあるまいか。「無常」とは即「悲しいこと」ではなく、「とどまらない」ということである。むしろ活動しているということ、生きている証《あかし》といってもよいのではなかろうか。赤ちゃんも生まれ出ることができ、無常だから子供もやがて大人になることができるのである。無常だから病気にもなれば、病気もなおることができるのである。無常だから怠《なま》ければ成績も落ちるかわりに、無常だから努力すれば成績もあがるというもの。無常だからうかうかすると愛はたちまちに憎しみに変貌もすれば、無常だから憎しみが愛に変わる可能性もあるというもの。人間のわがままな思いからの哀歓《あいかん》とは無縁に、この天地間の一切のものが、因と縁によって変化しつづけ、生滅しつづけている姿を、時間的にとらえたのが「諸行無常」の一句である。

生滅の速度こそ違え、とどまっているものは一つもない。地球が誕生して四十六億年だという。誕生する日があるということは、必ず終わる日もあるということである。やがて地球という美しい星が、この宇宙空間から消え去る日が来るであろう。その地球の表面にあって、小さくは春夏秋冬という季節の流れがあり、一人の人の上には生老病死《しょうろうびょうし》という推移があり、一木一草の上には華開落葉《けかいらくよう》という移り変わりがあり、しかもそれらは絶対的に前へのみ進み、あともどりはできない。つまり一度去った時間をとりもどすことはできないのである。

地球温暖化のゆえか尼僧堂の庭のほととぎすが、春になっても去年の葉を青々とつけたまま立ちつづけているのを見て思った。「枯れてくれないと新しい芽の出る場所がないのになぁ」と。古い葉や茎が朽《く》ちて肥料となり、次の世代はそれを栄養として吸収し、新しい命を育ててゆく。人も子や孫や後から来る者たちのよき肥料となり、踏み台となって世代を交替してゆかねばならない。

よき肥料となり得ているか。よき踏み台となり得ているか。いつまでもかたくなにがんばっていて、後の者たちの出る場所をふさいではいないか。天地自然から学ぶことの一つとして、ある日ある会場でこんな話をした。余語老師がある授戒会でのお話のおり「みんな死にたくない、死にたくないというけれど、みんな生きていたら困るじゃろう。死ぬからいいんじゃ」と語られた言葉を結びとして。

法話を終わっての茶話会の席で、一人の外科医が感慨深げに語ってくれた。「先生のお話を聞いて思い当たることがありました。私たちの体は刻々にたくさんの細胞が死に、また誕生するという、つまり新陳代謝《しんちんたいしゃ》をすることで命が保たれているのです。ところが癌《がん》というのはその部分の細胞だけが死なずに成長しつづけ、まわりの細胞の邪魔をしているということなんですよ。〝死ぬからいい〟というお話、心にしみました」と。

やはり熱心な参禅会員で、S大学のK教授が語ってくれた。

「さずかりの生命の働きというものはまことにすばらしい。たとえば傷をしますと、肉が盛りあがって来ますね。皮膚の下まで、つまり盛りあがるべきところまで盛りあがると、ちゃんと止まるようになっているんですよ。ところが原爆などによるケロイド症というのは、止まるべきところで止まらず、盛りあがってしまうんですね。

木の葉が秋になって黄葉し、やがて散るというのも、冬にそなえて葉を落とすために、枝についている葉のもとのところの細胞が死ぬんだそうです。そうすることで葉を美しく彩《いろど》らせながら落とすんですね」

そういえば枯れてしまった木は、枯れ葉を落とす力もなく、いつまでもつけている。生と死は、ともに生命の大切な営みであったと気づかせていただいたことである。

生かされて生かして生きる——無我

霜が来て緑色の葉っぱたちは一気に紅葉した。黄や紫や赤に、フレディは赤と青と金色の三色にと。一緒に生まれた同じ木の同じ枝の、どれも同じ葉っぱなのに、どうして違う色になるのか、不思議に思うフレディにダニエルは答える。「生まれたときは同じ色でも、いる場所が違えば太陽に向く角度が違う。風の通り具合も違う。月の光、星明かり、一日の気温、なにひとつ同じ経験はないんだ。だから紅葉するときは、みんな違う色に変わってしまうのさ」と。

これはアメリカの哲学者レオ・バスカーリヤ博士の書いた『葉っぱのフレディ——いのちの旅』（童話屋）の一節を要約したものである。一枚の葉を、赤や黄や三色に染め分ける背景に、大地からの栄養ばかりではなく、太陽や風や雨や気温など、すべての働きがあるというのである。

この天地間のすべてが、一つの例外もなくかかわりあって存在しているという「縁起」の理法の二つめの柱は「空間的縁起」で、これを「諸法無我」という。天地いっぱいが総力をあげて一枚の葉を紅葉させる。その同じ働きが一輪の花を咲かせ、一羽の鳥を飛ばせ、一人の人を安らかに呼吸させたり眠らせたりするというのである。一輪の花の中身、一羽の鳥が飛ぶことができる力の中身、一人の人を呼吸せしめる中身は天地いっぱいなんだということを、諸法無我という。「諸法」というのは、花とか鳥とか人間という一切の存在を指し、「無我」というのは、かかわりあいの中で初めて存在が可能なのであって、単独では存在しないということである。

イタリアのホテルでの大理石の床に愛用の懐中時計を落とし、ネジをまく部分がとれてしまい、時計が全く使えなくなり、随行の方の時計を借りて急場をしのいだことがあった。時計を構成している一つの部品と全体とのかかわりを、第二章ですでに述べたように仏教の専門の言葉では一即一切、一切即一といい、わかりやすくは「生かされて、生かして、生きる」といいかえることができよう。

時計を構成している一切の部品が一つも欠けることなくそれぞれの持ち場を十分につとめあげてくれて初めて一つの部品もすこやかに動ける。「生かされて」であり、これを「一切即一」という。部品一つが故障すると時計全部が止まる。一つの部品は時計全部の生命を双肩に背負って、今ここを働く。「生かして」であり、「一即一切」という。

時計の話ではない。この天地間に存在する一切のものは、たとえば網の目のように全部がかかわりあっていて一つの目をつまみあげると網全体がつながってくるように、すべては単独で存在せず、密接にかかわりあいながら存在しているのだというのが、「諸法無我」の理法である。

この無常、無我という二つの天地の道理がわかれば、おのずから人の生きるべき道、あるべきようが見えてくる。無常だから、一刻もとどまらないのだから、いつ終わりがくるかわからないから、しかも時は前へのみ進み、あともどりはしない、したがってやりなおしはできないのだから、いつ終わりの日がきてもよいように、やりなおしをしなくてもよいように、今の一瞬に生命をかけ、悔いのないように生きましょう、という教えが生まれる。山と積まれた財産も、やがて借金に変わる日がくるのだから、気をゆるしてはならぬぞという教えにもなれば、借金も努力すれば必ずなくなる日がくるのだから、落ちこまずあきらめず努力せよという教えにもなる。

無我だから、たとえばこの一つの体も五十兆の細胞の調和によって生かされているように、一つの家庭も、地域社会も、大きくは地球そのものも、一つの生命体として動いているのだから、つねに全体を展望した上で、そこから省みての今ここの歩みをせよという教えが生まれてくる。

地球は地球上に存在するすべてのものの共有物であり、すべてのものをはぐくんでくれる母なる存在であって人類のためにのみあるのではない。それを忘れて人類のみが、共存のルールを無視して暴走を続け、母なる地球を瀕死《ひんし》状態に追いこんでいる。これを顚倒夢想という。

真理にめざめ、つねに地球全体を視野の中に収めながら、今ここで紙一枚、水一滴を大切に、電気を少しでも節約し、ゴミの処理にも細心の注意をはらい、地上の緑を大切に、と、やれるところから実践する、それが「遠離」であり、そこにおのずから開けてくる安らかな世界、それが「究竟涅槃」——涅槃を究竟す——である。

自我を出離して自己に落ちつく――遠離

「遠離《おんり》」という言葉から連想される言葉に「厭離穢土《おんりえど》、欣求浄土《ごんぐじょうど》」という言葉や、「出離《しゅつり》」を欣求する」という言葉がある。いずれも〝この苦しみに充ちた娑婆《しゃば》世界を逃《のが》れ、しあわせいっぱいのお浄土に生まれることを求める〟というような意味に使われていることが多い。沢木興道老師は次のようにおっしゃる。

「ここをおいてどこへゆこうとするのか。まちがえてはならぬ。出離を欣求するということは、〝ああ娑婆はいやだ。極楽へ〟というのではない。出離とは自我から出離して自己に落ちつくことだ」

松本で刊行されているローカル新聞の「市民タイムス」の日曜のリレーコラムを担当させていただいて二十六年（今は月一度）。

二十六年間の月日の中には、滅茶苦茶に忙しくて机に向かう暇もペンをとる寸暇もないときがある。どう逆立ちしても何も書くことがないというときもある。病気でどうしても書けないというときもある。此方《こちら》の都合など全く無視して日曜日はやってくる。ちょっと忙しかったから、日曜を一日延ばしてくれませんか、今書くことがないから、書けるまで日曜の来るのを延ばしてくれませんか、というわけにはいかない。まったなしに、非情に日曜はやってくる。

私のわがままな思いや都合とは関係なく時間は流れ、その時間にあずけられて私の生命も、私の思いと関係なく老い、病み、そして最期の日がやってくる。〝ちょっと都合が悪いから〟〝準備がまだととのっていないから、お迎えを二、三日延ばしてくれ〟というわけにはいかない。予告なし、まったなしに時は流れ、別れの日もやってくる。

余語翠巌老師は八十四歳の十二月にお亡くなりになられたが、その年の正月のお便りに「止《や》むを得ず八十四歳になりました」と書かれてあったのが心に残っている。沢木老師は「年をとるのもあなたまかせ」とおっしゃった。

このわがままな私、自分の都合ばかりを先立ててゆこうとする私を「自我」と呼び、それを止めて「年をとるのもあなたまかせ」の「あなた」、つまり天地いっぱいに、仏さまにおまかせしてゆく、その「あなた」が「自己」である。

余語老師が好んで揮毫《きごう》にお使いになった言葉に「放情《ほうじょう》」と「天随《てんずい》」がある。「放情」というのは、わがままな私中心の思い、凡夫人間のエゴの思いを限りなく放下してゆくということとであり、「天随」とは、私の思いを放下して、私の思いと関係ないところで私の生命をして生死せしめている生命の事実、天地のお働きに随順して生きる――それを「あなたまかせ」という――ということである。

道元禅師は「ただわが身をも心をも放ち忘れて仏の家に投げ入れて――放情――、仏の方より行われてこれにしたがいもてゆくとき――天随――」（『正法眼蔵』生死の巻）とおおせられている。まさに「放情」と「天随」であり、それを〝自我から出離して自己に落ちつく〟といい、「遠離一切顚倒夢想　究竟涅槃」のお心もこれであろう。

第九章　正しい師と教えに出会う

三世諸仏。依般若波羅蜜多故。
得阿耨多羅三藐三菩提。

三世諸仏も、般若波羅蜜多に依るが故に、
阿耨多羅三藐三菩提を得たまえり。

すべてを仏の姿や、働きとして拝む――三世諸仏

先に「菩提薩埵、般若波羅蜜多に依るが故に、心に罣礙無し。罣礙無きが故に、恐怖有ること無し」とあり、ここでまた「三世諸仏も、般若波羅蜜多に依るが故に、阿耨多羅三藐三菩提を得たまえり」と、同じ言葉が重ねて登場する。わかりやすい言葉になおせば、「正しい人生観、世界観によるが故に、何のさしさわりもなく怖れもなく、正しい人生観、世界観に導かれて、最高の悟りの境涯に到ることができた」ということができようか。

省みてわれわれは何を依り所として生きているのであろうか。

日本の『次郎物語』とよく比較されるものに、ルソーの『エミール』がある。その中で「人間はだれでも生まれるときには裸で貧しく生まれて来、死ぬときにも裸で貧しく死んでゆかねばならない」

といい、〝その中間を、女王とか金持ち、美人、さらには主義とかうぬぼれとか劣等感とか、さまざまな衣装を着込む。しかもほとんどの人が、着替えてゆく衣装や持ち替えてゆく持ち物ばかりに心うばわれて、衣装の着手の私自身、持ち主私の、しかも今日只今の生きざまを

問うことを忘れている〟と語っている。

御主人を亡くして生きる力を失った人、子供を嫁に出して虚脱状態になった人……。いろいろな人が相談に来る。互いに助けあって生きねばならないが、それを依り所として生きていると、それが無くなったとき、共に倒れてしまいかねない。お釈迦さまが、

「他に依止するものは動揺す」

と示されるゆえんである。

視点を変えてみよう。「何物にも依らない」ということは、「天地いっぱいを依り所として生きている」ということであり、「天地いっぱいが総力をあげて、私を支えてくれている」ことに気づくということではなかろうか。

ある駅で、たった一階のエレベーターに乗った。乗りあわせた一人の老人が静かに掌をあわせて「南無とはどういうことでしょうか?」と質ねてきた。「〝おまかせ〟ということです」「ありがとうございました」。一、二分の間の一問一答であったが、心に残る瞬間であった。

われわれ仏教徒は「南無帰依仏、南無帰依法、南無帰依僧」と唱える。「南無」は梵語で「帰依」と漢訳する。最高の最後の依り所とすべきものにすべておまかせする、といったら

よいであろうか。天地悠久の真理（法）を、その真理にめざめた人（仏）を、そしてその法と仏に帰依して行こうとする仲間（僧伽）を、何よりの依り所として参ります、というのが三帰依文である。まさに「般若波羅蜜多に依るが故に」である。

榎本栄一さんは、

足　音

夜、かすかな雨の音、風の音、
これは、仏さまが
この人の世を
おあるきになる足音です。

と詠《よ》み、また、

千手観音

四方八方からの
いろいろなおん手が
この私を
救いあげてくださる。

（『煩悩林』難波別院）

と歌いあげている。つまりこの天地間のすべてが仏のお姿であり、お働きであり、それを「三世十方《さんぜじっぽう》の諸仏」とお呼びする。

三世というのは、過去・現在・未来の三世で、つまり永遠の時の流れを意味する。十方は四方八方上下で、空間を意味する。いつどこにでも、という存在のあり方を示した言葉であり、一切を仏の姿や働きとして礼拝しようとする姿でもある。

春夏秋冬も華開落葉も、その中にあって生老病死しているこの私自身も、例外なく仏のお体、仏の御命そのものなのだというのである。「三世諸仏」を向こうにまわして拝むのではなく、私もまた「三世諸仏」と、われとわが身を礼拝してゆけとおおせなのである。

「阿耨多羅三藐三菩提」というのもやはり梵語の音写で、「阿」は「無」と訳され、「耨多羅」は「上」、したがって「阿耨多羅」と続いて「無上」、一般的には「最高」「この上ない」と訳されている。

松原泰道老師は「上がない」「上限がない」と訳し、「お釈迦さんも達磨さんも目下修行の真最中」という言葉をそえておられる。

「三藐」も音写であって「三」は数字ではない。「正等《しょうとう》」と漢訳され、「正しくかたよらない」と意訳されている。

「菩提」は、日本では「先祖の菩提のために」とか、「菩提寺」とか、また一般的には「泉にそいて繁る菩提樹」などと歌詞や樹の名前として親しまれてきた。「覚《さと》り」とか「めざめ」という意味で、その木の下でお釈迦さまが天地宇宙の真理にめざめられた、つまり「菩提を成《じょう》ぜられた」ので菩提樹と呼ばれるようになったということは、意外に知られていない。

人間にのみ与えられた生命の尊さへのめざめ、天地宇宙の真の姿への気づきの能力、それを大切にし、それにめざめることにより、正しい道理に随順して生きてゆこうじゃないか、と呼びかけて下さる。かたよった凡夫人間の是非を投げうって仏の眼、神の眼から見たらどうなるか？　と問いつつ、歩んでゆこうじゃないかと語りかけて下さる。それが「阿耨多羅三藐三菩提」の心といえよう。

第十章　わが名を呼びてたまわれ

故知般若波羅蜜多。是大神呪。
是大明呪。是無上呪。是無等等呪。
能除一切苦。真実不虚。

故に知る。般若波羅蜜多は、是れ大神呪なり、
是れ大明呪なり、是れ無上呪なり、是れ無等等呪なり。
能く一切の苦を除く。真実にして虚しからず。

幼な児が母を呼ぶように

奈良・薬師寺の花会式《はなえしき》に参列することができた。三月三十日から四月五日まで一週間、朝は三時から夜は九時過ぎまで、薬師三尊の前で悔過《けか》（懺悔《さんげ》）の行が勤まるのである。

歴史をさかのぼること九百年、堀河天皇が皇后の病気平癒を祈って行われたのが始まりで、さいわいに快復したお礼にと、皇后が薬草で染めて十種の造花を造って献じた。今日にその伝統が伝えられ、花会式と呼ぶのだという。梅、椿《つばき》、牡丹《ぼたん》、菊、山吹、藤、桜、桃、百合《ゆり》、杜若《かきつばた》の十種の造花が、菊の御紋章のついた鉢に咲ききそい、薬師三尊はその中に座りまた立ちたもう。その前で導師が、また練行衆《れんぎょうしゅ》が身と口と意《こころ》の三業《さんごう》を一つにして、繰り返し繰り返し薬師如来を讃仰《さんごう》するのである。

普通礼拝《らいはい》というと、われわれは五体投地《ごたいとうち》といって身を大地にひれふして拝む。ところが薬師寺の礼拝は立ちあがり、上半身をのけぞるようにして薬師如来のお姿を仰ぎ見る。そして口では薬師如来の御名を呼び、その徳を讃歎《さんだん》する。

念仏というと「南無阿弥陀仏」と口先で唱えることのように思っているが、腹の底からしぼり出すような大きな声で、絶叫する。

松久保《まつくぼ》管長さまのお話が心に残っている。

「《南無薬師瑠璃光如来《なむやくしるりこうにょらい》》と、繰り返し繰り返し唱えつづけている間に次第に早くなり最後は《南無薬《なむや》、南無薬《なむや》》と、心のはやるままに唱えるのが薬師悔過の声明《しょうみょう》です。東大寺は観音悔過、こちらが《南無観自在菩薩《なむかんじざいぼさつ》》が最後《南無観南無観《なむかんなむかん》》と心せく思いで唱えるように」

深夜、花につつまれて座り、また立ちたもう薬師如来と日光《にっこう》菩薩、月光《がっこう》菩薩が、ゆらぐともしびと香煙の中で、私に向かって、やおら歩き出し、ほほえみ、語りかけて来て下さるような錯覚に落ち入り、私の心臓は高鳴った。あわてて目をしばたたき、薬師三尊をふりあおいだ。練行衆による讃仰の声は堂内にこだまし、遠く星のきらめく夜空の彼方に消えてゆく。

立ちあがり、のけぞるようにして仏の御名を無茶苦茶に大声を出して絶叫する。その姿を眼のあたりにしながら、三好達治の「わが名をよびてたまわれ、よびてたまわれ」の詩の一節を思いおこし（序章参照）、幼な児が一心不乱に母の姿を求め、母の名を呼び、母を得て歓喜の声をあげてその胸に全身心を投げこんでゆく姿を思った。「念仏」とか「帰依《きえ》」ということは、こういうやむにやまれぬ心の発露《ほつろ》から生まれた姿であったのだ。節まわしがどうの声がどうのなどというつまらない妄想の入りこむ余地はない。幼な児が母を呼ぶのに、節も声もないであろう。心の奥底から全身心をあげて呼び、泣き、喜ぶように。

　高田好胤和上は「南無薬南無薬と唱えていると、仏さんが私のほうに近づいて下さるんです」と語っておられたという。わずか一度の経験ではあったが、声明の声につつまれながら仏を仰ぎ見ているとき、私の正面に立ちたもう日光菩薩がフト動き出されたような錯覚に落ち入ったことは事実である。

　仏を念ずるという姿のもっとも根源の姿を眼のあたりに拝し、同時に、その仏をいつの間にか忘れて、唱える伎《わざ》の巧拙にばかり心うばわれ、一つまちがうと、そこにあるのは凡夫私の声自慢、節自慢の仏不在の声明や御詠歌《ごえいか》に堕してしまっていることに気づかせていただくことができた。

　玄奘《げんじょう》三蔵法師は観音菩薩を念じ、『般若心経』を唱えつづけることによって、死の砂漠《さばく》を越えられたという。法師の念仏もまさに全身心をあげての、命がけの念仏であったであろうし、その力に支えられてこそ、奇跡の砂漠越えもできたのであろう。

　十三夜の月に照らし出されて夜空に息づく塔を仰ぎ見ながら、人間の手垢《てあか》のつかぬ仏への呼び声を今に伝える薬師寺の花会式に出会えた喜びをかみしめたことであった。

『般若心経』の本文の最後は「是大神呪《ぜだいじんしゅ》、是大明呪《ぜだいみょうしゅ》、是無上呪《ぜむじょうしゅ》、是無等等呪《ぜむとうどうしゅ》、能除一切苦《のうじょいっさいく》、真実不虚《しんじつふこ》」で結ばれている。この「呪」という言葉は、今は「のろい」とか「まじない」の意味に使われていることのほうが多いが、本来は神仏の徳を讃歎する言葉であり、また神仏に告げる言葉であった。歴史としては三千年以上も前のインド、バラモン教のヴェーダ聖典にまでさかのぼる。

「呪」は梵語で、「ダラニ」と「マントラ」と二つの原語があり「ダラニ」は「陀羅尼」と音写して長文のものを呼んだのに対し、短い言葉のほうを「マントラ」と呼び「真言」――真実の言葉――と訳した。玄奘三蔵とほとんど同時代の善無畏《ぜんむい》は、

「真言というは梵にはマントラという。即ち是れ真語《しんご》、如語《にょご》、不妄《ふもう》、不畏《ふい》の音なり。龍樹《りゅうじゅ》の『大智度論《だいちどろん》』にはこれを秘密号といい、旧訳《くやく》には呪《しゅ》という」

と、『大日経疏《だいにちきょうしょ》』の中で記しているという。旧訳、つまり鳩摩羅什《くまらじゅう》訳の『般若心経』の題は『摩訶般若波羅蜜大明呪経』と「呪」の字を使っており、新訳の玄奘三蔵も本文では大神呪、大明呪と「呪」の字を用いている。

玄侑宗久老師は、

「インドの人々は『呪文』を直接『いのち』に響く力と捉えていました」

「『意味』を超えた音の響きは、意味を捉えようとする大脳皮質を飛びこえて、直接『いのち』に働きます」

と語っておられる。響きとは波動のことであり、香りも熱も光も皆波動であるが、音の波動がもっとも効果的であるという。

音の波長ということで、思い起こすいくつかのことがある。

まずは波動の研究をしておられる江本勝氏の言葉に耳を傾けてみよう。(『水からの伝言』波動研究社刊)

人の体も、水の惑星と呼ばれる地球も七十パーセントが水。われわれがたのしい音楽ややさしい言葉やすばらしい人に出会うと、たのしくなったり心がやすらかになったりするのは、まずこの体内の七十パーセントの水がその振動を受けて、変化するのではないか。水は周囲の波動を受けてどう変化するか、それを氷結させ、その結晶を写真にとることで水の発する情報を聴こうというのが、この研究の発想である。あらゆる角度からの実験が何年もかけて繰り返され、その結果を写真入りで紹介されているのがこの本である。

まずは水に音楽を聞かせるという実験。同じ水を二つの透明なガラス瓶に入れ、一方にはベートーベンとかモーツァルトの名曲を聞かせる。いずれも明るくさわやかで、あるいは深くしずかな祈りに満ちていて、聞く人の心を癒《いや》してくれる曲である。この曲を聞いた水は、たおやかで美しい氷結晶を見せてくれた。一方の水には若者の間に人気のあるヘビーメタルの曲で、歌詞は世の中を罵倒《ばとう》した怒りいっぱいという曲。それを聞かされた水は基本の整った六角形の結晶がバラバラにこわれ、混沌《こんとん》とした状態となった。

次には、水に文字を見せるという実験。人の手書きの文字には、文字を書いた人の波動が文字に移るというので、ワープロで打った文字をガラス瓶にはりつけて一晩放置する。一方には「ありがとう」という文字を、一方には「ばかやろう」という文字を書いて。「ありがとう」のほうの水はととのった美しい結晶を見せてくれたが、「ばかやろう」のほうはヘビーメタルの曲を聞かせたのと同じ姿で、醜悪《しゅうあく》そのもの。

江本氏は語る。「若者がよくいう《ムカツク、殺す》の文字をはられた水は、まさに結晶は醜《みにく》くゆがみ、潰《つぶ》れ、飛び散り、まさしく《ムカツク、殺す》そのもの。こういう言葉が横行する世の中こそ不気味」と。

同様に「しようね」というやさしい呼びかけの文字をはられた水は美しい結晶をみせ、「しなさい」の命令形の文字をはられた水は中心が空洞の乱れた結晶の姿を見せている。人間が口から発した言葉なら音声や人柄からにじみ出る気を受けるであろうとは想像できるが、ワープロで書いた文字にさえもこれだけの反応を示すということは、驚きそのものである。ましてや直接に語りかける言葉は、言魂《ことだま》（言霊）といって、昔から「人を生かすも殺すも言葉一つ」とまでいわれて、大切にされてきた。その言葉をかけることでどう変わるかの実験の結果もたくさん紹介されている。

ふつうに炊《た》いた御飯を二つのガラスの容器に入れ、一方には「ありがとう」、一方には「ばかやろう」と毎日声をかけるという実験を一ヵ月続ける。小学生の子供二人にたのんで。「ありがとう」の方は芳醇《ほうじゅん》な麹のようなよい香りに発酵《はっこう》したが「ばかやろう」のほうは真っ黒く変色してくさってしまった……。江本氏は語る。「微生物もわれわれの心と同じく、やさしくほめられれば善玉となって働き、けなされればふてくされて悪玉となってしまうであろう」と。水や微生物さえも愛の言葉をかけつづければ美しい姿やすばらしい働きを見せ、怒りや罵倒の言葉をかけつづけると駄目になってしまう。幼な児への周囲のあり方を思うことである。

すべての物質は一つ以上の原子の組み合わせによってできており、その原子は電子と原子核とで構成されている。プラスの原子核のまわりを、マイナスの電子が超高速でまわるとき振動波を発する。これが波動であり、その波動は周囲のあらゆる影響を受けて変わる。人の意識が周囲の情況によって変わるように。

音波も電波もこの波動の一種であり、その共鳴による伝達方法を利用したものが、テレビ・ラジオ・携帯電話等であるという。考えてみれば、宇宙の彼方からの電波も、受け皿さえ整っていればキャッチできるのであり、波動は「距離に関係なく届く」という江本氏の言葉に、深く心打たれるものを感ずる。

江本氏のさまざまなる実験の中で、もっともすばらしい結晶を見せてくれたのは、お経の声を聞かせた水であったという。群馬県水上町にある藤原ダムの水を、ダムのほとりで某寺の御住職さんに約一時間にわたって加持祈禱《かじきとう》のお経を読んでいただいた。目で見てもわかるほどに水はきれいになり、その氷結晶はそれまでのどの結晶体よりも美しく輝いていたという。江本氏の『水からの伝言』の表紙を飾っている結晶写真がそれである。

この話を聞くに及んで、私はハッとわが胸に手をあて、恥じ入った。ときに心せく思いで、ときに妄想をおこしながら、全身全霊をかたむけて読んだとはいえない読経の仕方をしばしばしていなかったかと。誰が聞いていようといまいとにかかわらず、空気が聞いている、柱や壁が聞いている、植物が聞いている、誰よりも私自身が聞いている、私の体をつくってくれている五十兆の細胞が、七十パーセントの水が聞いている。いついかなるときも全身心をあげて読まねばならないと、われとわが身にいい聞かせたことであった。

琴の名人、宮城道雄さんのところへ、新しい琴が届いた。試みに一曲弾かれた宮城さんが語った。「この琴の台になっている桐は、寺の境内で育ったものであろう。調べてみてくれないか」と。はたして寺の境内で、朝夕に梵鐘《ぼんしょう》や読経の声を聞いて育った桐であったという。梵鐘や読経の音色が出す聖なる波動を受けて、桐もまた清澄な音色《ねいろ》を出す素材となり得たのであろう。それを聞きわける宮城さんの耳もさることながら、植物も周囲の波動を、気を受けてそれほどに変わることができるとは、これまたおどろきである。

われわれ自身もまた、つねに明るく、どんなこともプラス思考で前向きに考えるようにしていれば、その気を受けて、私の中の七十パーセントの水や細胞が機嫌よく働いてくれるはず。「病は気から」とか「身心一如《しんじんいちにょ》」という言葉を、あらためて味わいなおしたことである。

幼な児が全身心をあげて母を呼び、また母がわが子を呼ぶように、真心からほとばしり出た愛の言葉や行為は、そこから出た波動は、水や植物や微生物までも変える力を持っているのである。その具体例の数々を、現代の科学者たちの実験も通して眺《なが》めてきた。

心に、口に、最高のものを念じつづけ、唱えつづけることによって、不思議な力が湧《わ》き、またすばらしい世界が開かれてゆく、そのことを語ろうとしているのが「是大神呪、是大明呪、是無上呪、是無等等呪。能除一切苦。真実不虚」の一句ではなかろうか。

芙蓉道楷《ふようどうかい》禅師が「呪は訳さざるものなり」と説いておられるが、あえて「是大神呪、是大明呪、是無上呪、是無等等呪、能除一切苦、真実不虚」を訳すと、

「般若波羅蜜多は偉大なる霊力をもった真言であり（大神呪）、偉大なる明智の真言であり（大明呪）、無上なる真言であり（無上呪）、等しきものなき真言（無等等呪）であることを知りなさい。それはあらゆる苦しみを除く、真実にして虚妄ならざるものです」

ということになろうか。

道元禅師は「愛語よく廻天《かいてん》の力あることを学すべきなり」とおっしゃっておられる。真心からほとばしり出た愛の言葉、真実の言葉は、天子の心をも変えることができ、心なえた人に生きる力を与え、道をまちがえた人をあるべき方向へと転換させる力を持っているというのである。

まことの言葉を心に口に念じ、身に行ずることにより、自他の人生を、接するすべてを光あるものへと転じてゆきたいものである。

第十一章　窮まることのない仏道修行

故説般若波羅蜜多呪。即説呪曰。
羯諦。羯諦。波羅羯諦。
波羅僧羯諦。菩提薩婆訶。

歩きつづけよう仏教は大ロマンチシズム

「近年、唯識《ゆいしき》は大乗仏教のロマンチシズムだと思うようになりました。修行の完成に三大《さんだい》阿僧祇劫《あそうぎこう》の期間を唯識は求めるのですが、それは、いわばわれわれから修行の完成を永遠に奪いとることを意味しないかと思うのです。仏位《ぶつい》を、三祇百劫《さんぎひやっこう》の彼方において、そこを憧《あこが》れながら、そこに到達するためにではなく、それが仏道だから一つ一つ、修行を永遠につみ重ねて行く。まさに仏教の大ロマンチシズムではないかと心中ひそかに思っておるところです。

仏道を無《む》窮《きゆう》とされる道元禅師の教えは、大ロマンチシズムではないかと思うのです」

これは拙著『道はるかなりとも』の読後感をおよせ下さった太田久紀先生のお手紙の一節である。この太田先生の唯識の特別講座のあと、受講生の一人が質問してきた。

「仏教では一方で《始めより成道《じようどう》》といって、すでに救われていると説いております。しかし唯識では成仏を三大阿僧祇劫の彼方におくということは、われわれに成仏の日はないというのと同じではないかと思うのです。この矛盾する二つの教えをどう受けとめたらよいでしょうか」

太田先生はしずかに言葉少なに答えられた。

「一つのことなんです。始めからその中にあって、限りなく修行してゆくということじゃないでしょうか」

かたわらで拝聴していた私も、質問の方と共に、深くうなずかせていただいたことであった。『般若心経』の最後の「羯諦、羯諦、波羅羯諦、波羅僧羯諦、菩提薩婆訶」の呪は、古来多くの方が意訳を試みておられる。マックス・ミューラーは、

逝《ゆ》けり、逝《ゆ》けり、
彼岸《ひがん》に逝けり、
倶《とも》に逝けり、敬礼《きょうらい》す　霊智《れいち》

と過去完了の形で訳し、高田好胤先生は、

ゆこう、ゆこう、

さあゆこう、
　みんなでゆこう
　　空《くう》の世界へ。

と未来形で訳しておられる。原典はおそらく「すでにそうなっている」という過去完了形であろう。しかし始めからいただいている仏の御生命、御働きながら、そのことに〝ああそうであったか〟と気づくのは未来形である。本具（過去）に気づく（未来）という意味で私は「すでにそうなっている中で、限りなく精進してゆく」という両方の姿勢が必要と思っている。

道元禅師は『正法眼蔵《しょうぼうげんぞう》・現成公案《げんじょうこうあん》』の中で
「身心に法いまだ参飽《さんぽう》せざるには、法すでに足れりとおぼゆ。法もし身心に充足すればひとかたは足らずとおぼゆるなり」
とおっしゃっておられる。つまり「真実の教えの学びが浅いほど、本人の自覚としては十分に学び尽くして、もう学ぶ必要はないと思い、十二分に学び尽くして自分のものに消化しきった人ほど、本人の自覚としては〝まだ足らぬ、一層足らぬ〟という思いのみで、更に求めようとするものである」というほどの意味といえようか。

小松市の山越初枝さん（七十六歳）が次のように語っている。

「そうや、この一息までも、われの力やなかった。でかいおもいちがいしとった。信心もろうてアミダさんにこっちむけて、たすけてもろうように思うとったけど、すでにたすかっておるわが身やった。ありゃあ、えらい思い違いしとったと、その《ありゃあ》と気がついたところが一念のよろこびでしょう」（松本梶丸『生命の大地に根を下ろし』樹心社）

この初枝さんの「すでにたすかっておるわが身やった」というのが、過去完了形であり、泣いているときも、笑っているときも、眠りこけているときも息をしている、眠りも自然にいただき、眠りが足りたらちゃんと眼があくようになっている、この授かり（過去完了）に「ありゃあ」と気づかせてもらう（未来形）ことが大切なのである。

気づくほどに、このお働きに、この光に照らし出されるほどに足りない自分に気づかせていただき、限りない喜びと懺悔とあらたなる誓願の中に、「道無窮」の、終着点なし、卒業なしの歩みを続けさせていただくのみである。

その中にあって終わりなき精進を

求めよ
　さらば与えられん
尋ねよ
　さらば見出さん
門を叩《たた》け
　さらば開かれん

これはあまりにも有名な『新約聖書』の中のマタイ伝七章の一節である。私は一時この言葉に反撥《はんぱつ》していた時期があった。「求めなければ与えられないのか。門を叩かなければ開かれないのか。神の愛はそのように条件づきなのか。求めずとも、叩かずとも与えられ、開かれているものではなかろうか」と。そして柳宗悦さんの「タタケトナ、開カレツルニ」を、より深いものとして受けとめてきた。

しかし、この受けとめはなお浅いものであったことに気づかせていただくことができた。始めから開かれ、与えられ、その只中《ただなか》にありつつも、求め、尋ね、叩くという切なる心の立ちあがりがないと、気づくことができないのだ、ということに。

道元禅師の、「この法は人々の分上《ぶんじょう》にゆたかにそなわれりといえどもいまだ修せざるにはあらわれず、證《しょう》せざるには得ることなし」（辨道話《べんどうわ》）のお言葉が、それであったな、ということに。「人々の分上にゆたかにそなわれり」が〝始めから与えられ、その只中にある〟ということで、「逝けり」の過去完了形で説かれている一面である。「いまだ修せざるにはあらわれず、證せざるには得ることなし」は、まさに「求めよ、さらば与えられん」そのもので、切なる志をもって求め、叩くことにより、ようやくに気づかせていただく世界、かくして初めて自覚的にわがものとさせていただくことができるのであり、「ゆこう」の未来形で説かれる一面である。

すでにその中にあるよろこびの中で、限りなく〝道窮《みちきわま》りなし〟の歩みを続けさせていただくという、二つがピタッと一つになった世界を歩ませていただくのである。

道元禅師が非常に敬慕しておられた禅の祖師のお一人に芙蓉道楷《ふようどうかい》禅師がおられる。道元禅師が二十四歳で入宋《にっそう》されたときは、道楷禅師滅後百年ほどの時期といえようか。この道楷禅師が『般若心経註』の中で、「呪《じゅ》は訳さざるものなり。鈴鐸《れいたく》の声の如し、声あれども説かず」とおっしゃっておられるという。これを受けてか、道元禅師も『正法眼蔵・摩訶般若波羅蜜《まかはんにゃはらみつ》』の中で、この最後の呪はとりあげず、師である如浄《にょじょう》禅師の「風鈴《ふうりん》の頌《じゅ》」を示すにとどめておられる。

渾身似《テ》㆑口掛《ニル》㆓虚空《ニ》㆒
不㆑問《ハ》㆓東西南北風《ノヲ》㆒
一等為《ニ》㆑佗《ガ》談《ズ》㆓般若《ヲ》㆒
滴丁東了滴丁東

渾身口《こんしんくち》に似て虚空《こくう》に掛《かか》る。
東西南北の風を問わず。
一等《いっとう》佗《た》が為に般若《はんにゃ》を談ず。
滴丁《ちちん》　東了《つんりやん》　滴丁《ちちん》　東《つん》

第一句の「渾身口に似て虚空に掛る」は、体全部、全身を口にして大空に掛かっているというのである。そこで大切なことは、全身心を口にして、つまり全身心を挙して、もう一つ大切なことは中がカラッポということである。私共はなかなかカラにはなれない。わが身かわいい思いがまずはいっぱいにつまっている。わが身かわいい思いが、私の好みや計算が入ると、はみ出すものが出てくる。何もないからこそ、はみ出しものなしに、全部を包みこむことができる。それが第二句目の「東西南北の風を問わず」である。

私が入ると、東の風にはいい音色を出してやるが、北や西の風には音を出したくないということになる。私がないからこそ、全く平等に天地の真実を、生命の尊さを、人のあるべきようを説きつづけることができる。その教えを、「チチンツンリャン、チチンツン」と、具体的人間の言葉を用いず、象徴的に風鈴の音色で示せばこそ聞く人の心次第で無限の味わいがあるというもの。

さすがに道元禅師は哲人であると同時に詩人。余韻じょうじょうの締めくくりに感歎するばかりである。

「色即色」と今ここに徹しられた道元禅師

「生死のなかに仏あれば、生死なし。またいはく、生死のなかに仏なければ、生死にまどはず。こころは夾山定山《かっさんじょうざん》といはれし、ふたりの禅師のことばなり、得道の人のことばなれば、さだめてむなしくまうけじ」

これは道元禅師が比較的晩年に著されたとされる『生死《しょうじ》の巻』の冒頭の言葉である。道元禅師は二人の言葉をあげ、「得道の人のことばなれば、さだめてむなしくまうけじ」というにとどめ、どちらが是とも非ともおっしゃっておられない。しかしこの二人の言葉の背景となっている話に注目したい。

夾山と定山は兄弟弟子で、あるとき夾山が「生死のなかに仏あれば生死なし」といった。すると定山が「そうではない。生死のなかに仏なければ生死にまどはず」といい、二人ともにゆずらない。そこでいずれが正しいか師匠に問うてみようということになり、師の大梅禅師のところへ行って質《たず》ねた。師はたった一言「一親一疎《いっしんいっそ》」と答えられた。「一方は親しいが一方は親しくない」というのである。ただしどちらが親で、どちらが疎ともいわない。翌日、夾山が抜けがけに大梅禅師のところへ行き、「昨日の話、私の方が正しいでしょう？」といったところ、大梅禅師は「問う者は親しからず」と答えたという。つまり「生死のなかに仏なければ生死にまどはず」といった定山のほうが、道に親しいというのである。

生死というのは、直接にはわれわれの人生の生きることと死ぬこと、その間には、花咲く青春もあれば、老い、病み、あてもなくさまよい、そして寒風の中にむなしく散ってゆく日もあろう。愛憎あり、損得あり、いろいろある人生をひっくるめて生死という。

その生死の中に「仏あれば」というのは、今日使われているような「仏がもしあれば」という未来形としての使い方ではなく、「仏があるから」という、すでにそうなっているという過去形を意味している。「生死の中に仏があるから、生死はないんだ」というのである。

夾山と定山の言葉のあとに続く道元禅師のお言葉を眺《なが》めてみよう。

「もし人、生死のほかにほとけをもとむれば、ながえをきたにして越《えつ》にむかひ、おもてをみなみにして北斗をみんとするがごとし。いよいよ生死の因をあつめて、さらに解脱のみちをうしなへり。ただ生死すなはち涅槃とこころえて、生死としていとふべきもなく、涅槃としてねがふべきもなし。このときはじめて生死をはなるる分あり」

ここで涅槃という言葉が出てくる。お釈迦さまのお亡くなりになった日を涅槃会《ねはんえ》といい、亡くなるという意味を持っているが、いちばん元の意味は寂滅《じゃくめつ》の世界。梵語でニルバーナといい、煩悩の炎が消え去った寂静《じゃくじょう》の世界、理想的な世界、お浄土、というような意味にもなる。

古来、厭離穢土《おんりえど》、欣求浄土《ごんぐじょうど》といい、此岸《しがん》に対する彼岸《ひがん》といい、天国といい、あるいは文学の世界でも、チルチル・ミチルの青い鳥をはじめ、人類は、今ここの苦しい汚泥《おでい》にみちた娑婆《しゃば》を逃れて、どこかに楽土《らくど》を求めようという思いを、つねにどこかに持ちつづけていたのではなかろうか。

そこを道元禅師はするどく指摘して、「生死のほかにほとけをもとむれば、ながえをきたにして越にむかひ、おもてをみなみにして北斗をみんとするがごとし」とさとされる。生老病死、愛憎、損得、さまざまにうずまくこの現実の人生を逃れて、どこかに仏を、浄土を、涅槃の世界を求めようとするのは、たとえば車の車首を北に向けて、南方にある越の国へゆこうとするようなものであり、または顔を南に向けて北斗七星を見ようとするようなもので、見当違いもはなはだしいよ、というのである。

『摩訶般若波羅蜜多心経』の「波羅蜜多」には、「彼岸に到る」と「完成」の二つの意味のあることを学んだ。「彼岸に到る」のほうは未来形であるが、「完成」は過去完了形である。すでにそうなっている、初めから仏さまがおいでになるから、初めから仏さま自身なのだから、初めからお浄土の只中なんだから、それに気がつかないで迷っているだけなんだから、極楽の只中にありつつ、自分から地獄をつくっているだけなんだから、今ここをおいてどこかへと探しに出かけるな、と教えられる。白隠禅師はパーラミターを「者裏《しゃり》」と訳され、沢木老師は「ここをおいてどこかへ、これを流転《るてん》という」と誡《いまし》められた。

この世界は生死流転のいとうべきものと思っていたが、そうではなかった、一切が仏の御働きの展開であり、片々であったと気づかしてもらったとき、生死は生死のままに生死でなくなる。これが夾山のいう「生死のなかに仏あれば、生死なし」の世界といえよう。

では「生死のなかに仏なければ、生死にまどはず」といった定山の世界はどうか。

『永平広録』の中に、圜悟《えんご》禅師は「生死去来は真実人体」と説き、南泉《なんせん》和尚は「生死去来は是れ真実体」と説き、趙州《じょうしゅう》は「生死去来は是れ真実人」と説き、長沙《ちょうさ》は「生死去来は是れ諸仏の実体」と説く。「さてもし興聖《こうしょう》（道元）ならば」とおっしゃって、道元禅師は「生死去来は是れ生死去来」といってのけられているという。（太田久紀『唯識の心と禅』中山書房）

四人の先哲はいずれも、生死去来のこの人生を、真実人体とか諸仏の実体とかいって、意味づけをしようとしている。夾山のいう「生死のなかに仏あれば生死なし」と五十歩百歩といえよう。これに対し道元禅師は、「生死去来は是れ生死去来」と、そこに仏とか真実とかいうものを持ちこまない。定山のいう「生死のなかに仏なければ生死にまどはず」の境涯《きょうがい》といえるのではなかろうか。

大智禅師は『十二時法語』の中で、坐禅のときはただ手を組み足を組み、仏のことも悟りのことも打ち忘れてただ坐れ。掃除になったら掃除三昧、これも修行、これも坐禅と同じなどと思うことすら妄想《もうぞう》、と示しておられる。また道元禅師も『知事清規《ちじしんぎ》』の中で、無著文喜《むじやくぶんき》禅師が五台山《ごだいさん》で典座《てんぞ》をしていたとき、鍋上に姿を現した文殊菩薩を、「たとえ釈迦老子来たるも、我《われ》また打たん」といって打ち消したという話を紹介しておられる。文殊菩薩は坐禅堂の本尊であって、典座寮あたりにウロウロ出て来てはならない。つまり典座を勤めながら「これも坐禅」という思いが浮かぶ、その思いを妄想としてたたき消したという話ではないのか。

われわれは台所の配役に当たったとき、または便所掃除、農作業などに当たったとき、心のどこかに「これも修行」「これも坐禅と同じ」と自分にいいきかせようとするものがありはしないか。その心の深みには、坐禅は修行、料理や掃除は雑務という思いのちらつきがある。典座のときは典座のみ、坐禅を出すな、掃除のときは掃除三昧、修行などという妄想をはさむな。それが「生死去来是れ生死去来」ではないか。

これを『般若心経』の「色即是空」「空即是色」にて当てはめるならば、「生死」「生死去来」が「色」に当たり、「涅槃」「真実人体」が「空」に当たる。圜悟禅師ら四人の先哲のはいずれも「色即是空」であるが、道元禅師の場合は「色即色」と、そこに空を持ち出さない。

莫直《まくじき》に現実の今ここに立ちむかい、一歩一歩、一行一行を勤めあげよとおおせられる。そのきわめて具体的なお示しが『大清規《だいしんぎ》』六巻である。

沢木老師が「袈裟文庫《けさぶんこ》の中には、正法眼蔵は忘れても、清規は忘れるな」とおっしゃったという。観念の遊びではなく、具体的な今ここの私の人生の歩みに徹しられた道元禅師の世界は、「色即是空」と空じ去り、「空即是色」と帰り来り、更に空も消して「色即色」と徹し切られた世界であったと思うことである。

本書は、日刊紙「市民タイムス」の「溪聲」欄に連載された随筆「般若心経ものがたり」をもとに刊行した『般若心経ものがたり』（二〇〇二年、彌生書房刊）に加筆したものです。

あとがき

四半世紀も前の平成五年、「プレジデント」十一月号の誌上で『般若心経』の特集があり、誘われるままに母のことを書きました。数え年の五歳で叔母の周山尼が住職している塩尻の無量寺へ入門し、その日から口移しでお経を学んだこと、母へカタカナで『般若心経』を書き送ったこと、母は生涯、そのカタカナの『般若心経』を抱きつづけ、涙しつつ祈りつづけていてくれたこと等々を。

その後間もなく、拙文に目をとめて下さった彌生書房の津曲篤子社長により、『カタカナ般若心経』と本の題名までつけての、熱心な執筆依頼を受けました。参究不足を知ればこそ、筆が持てないままに九年の歳月が流れてしまいました。

高齢の上に御病気がちの津曲社長から「私の生きているうちに」という切なる要望もだしがたく、地元の「市民タイムス」の日曜コラムに連載するという逃げ場なしの道を択び、約一ヶ年かけて書き終えることができました。新聞連載のため、内容も平易に、字数にも制限がある中での執筆で、きわめて不十分な原稿ながら急ぎ彌生書房へ送った次第です。最終校正まで見て、遂に出版の日を待たずに社長は旅立ってしまわれました。後を継がれた津曲奈穂子社長は、「母の切なる願いであったから」というので、初版本は亡き母上、篤子社長の名で出版されたことを、今も心に深く刻んでおります。

月日は矢の如く流れ、十年後の平成二十四年頃であったかと思いますが、大法輪閣より『般若心経ものがたり』の改訂版の依頼を受けました。年を追うごとに加速度的に忙しさが増す上に参究不足も手伝い、アッという間に八年を経過してしまいました。今春よりコロナウイルス感染自粛のため、あらゆる催しが中止となり、お蔭で、私としては八十年来初めてというほどに時間という贈り物をいただくことが出来、この機会をのがしてはならないと、ようやく旧著への添削をし、上梓の運びとなったというのが事の次第です。

言い訳がましいことを長々と書き、お目を汚したことをお詫び申し上げます。『般若心経』に関する本は、いろいろの角度から多くの方が執筆しておられます。さいわいに御叱声いただければうれしく存じます。

長い年月辛抱づよくお待ちいただき、出版の労をおとり下さった石原社長を始め、関係諸氏に心から御礼申し上げます。

令和二年十二月八日　釈尊成道の日

青山俊董　合掌

青山 俊董（あおやま しゅんどう）
昭和８年、愛知県一宮市に生まれる。５歳の頃、長野県塩尻市の曹洞宗無量寺に入門。15歳で得度し、愛知専門尼僧堂に入り修行。その後、駒澤大学仏教学部、同大学院、曹洞宗教化研修所を経て、39年より愛知専門尼僧堂に勤務。51年、堂長に。59年より特別尼僧堂堂長および正法寺住職を兼ねる。現在、無量寺東堂も兼務。昭和54、62年、東西霊性交流の日本代表として訪欧、修道院生活を体験。昭和46、57、平成23年インドを訪問。仏跡巡拝、並びにマザー・テレサの救済活動を体験。昭和59年、平成９、17年に訪米。アメリカ各地を巡回布教する。参禅指導、講演、執筆に活躍するほか、茶道、華道の教授としても禅の普及に努めている。平成16年、女性では二人目の仏教伝道功労賞を受賞。21年、曹洞宗の僧階「大教師」に尼僧として初めて就任。明光寺（博多）僧堂師家。
著書：『くれないに命耀く』『手放せば仏』『花有情』『あなたに贈る人生の道しるべ』『今ここをおいてどこへ行こうとするのか』『十牛図　ほんとうの幸せの旅』（以上、春秋社）、『新・美しき人に』（ぱんたか）、『一度きりの人生だから』（海竜社）、『泥があるから、花は咲く』『落ちこまない練習』（以上、幻冬舎）、『さずかりの人生』（自由国民社）他多数。

【新装改訂版】般若心経《はんにゃしんぎょう》ものがたり

2021年１月15日　初版第１刷発行
2021年10月１日　初版第２刷発行

著　者　青山俊董
発行人　石原大道
印　刷　亜細亜印刷株式会社
製　本　東京美術紙工
発行所　有限会社 大法輪閣
〒150-0022 東京都渋谷区恵比寿南
2-16-6　サンレミナス 202
TEL 03-5724-3375（代表）
振替　00160-9-487196 番
http://www.daihorin-kaku.com

　ISBN978-4-8046-1432-8 C0015